Gesund und schlank nach Dr. Hay

Das große Buch der Trennkost

Gesund und schlank nach Dr. Hay

Das große Buch der Trennkost

Neue Rezepte von Ursula Summ

Mit Trennungsplan zum Herausnehmen

FALKEN

INHALT

VORWORT

Kennen Sie den faszinierenden Zustand, sich rundherum wohlzufühlen, sich so zu fühlen als hätten Sie Flügel?
Ich verrate Ihnen in diesem Buch mein persönliches Rezept und möchte Ihnen daran zeigen, wie Sie mit einfachen Mitteln Ihr Wohlbefinden steigern können.
Sie müssen kein schlechtes Gewissen haben, wenn Sie mal so richtig schlemmen, müssen nicht immer Diät halten oder Kalorien zählen, dem Alkohol für immer entsagen und täglich ein anstrengendes Fitneßprogramm absolvieren. Auch ich esse ab und an gern Schokolade und Eiscreme, finde morgendliche Turnübungen langweilig und hasse es, Dinge tun zu müssen, die meinem Naturell nicht entsprechen.
Aus eigener Erfahrung weiß ich heute, daß das Geheimnis der Gesundheit und des Glücklichseins in den alltäglichen, einfachen und naheliegenden Dingen liegt. Viele suchen es in der modernen Medizin und erkennen nicht, daß die Lösung vieler Probleme darin liegt, die eigene Lebensweise zu verändern. Gehen Sie diesen Weg, suchen Sie nach annehmbaren Kompromissen, legen Sie schlechte Gewohnheiten ab und nehmen bessere an.
Handeln Sie dabei nicht gegen Ihren Willen und bringen zum Beispiel nur noch „Gesundes" auf den Tisch, sondern lassen Sie sich mit der Umstellung Zeit.
Brechen Sie also nichts übers Knie, sonst werden Sie bald alle guten Vorsätze wieder fallenlassen, weil Sie sie als Belastung empfinden.
Körper, Seele und Geist muß man gleichermaßen pflegen. Nehmen Sie sich deshalb jeden Tag etwas Schönes vor, um dadurch Ärgernisse auszugleichen.
Lernen Sie, sich selbst zu lieben, und seien Sie gut zu sich und Ihrem Körper. Entwikkeln Sie Ihre eigene Persönlichkeit, indem Sie, wie bei einem Mosaik, Teilchen für Teilchen zu einem harmonischen Bild aneinanderfügen.
Niemand verlangt von uns zu leiden. Wir sollten vielmehr versuchen, glücklich und zufrieden zu sein, denn nur so können wir Ruhe ausstrahlen und andere dadurch positiv beeinflussen.

Auch das Lachen ist ein Teil des „Lebensmosaiks". Es verändert einen Menschen viel mehr als jede andere Gefühlsäußerung. Und dies nicht nur äußerlich, sondern auch innerlich. Durch herzhaftes Lachen kommt der Kreislauf in Schwung, werden Organe und auch das Immunsystem positiv beeinflußt.
Es kommt noch hinzu, daß Lachen oft „ansteckt", daß der Funke zu unseren Mitmenschen überspringt und sich gute Stimmung ausbreitet.
Ein weiterer Teil des „Lebensmosaiks" sind die Gedanken. Lassen Sie nicht zu, daß zum Beispiel Neid- oder Haßgefühle Ihr Denken bestimmen und Ihre Seele „infizieren". Ein schlechter Gedanke zieht leicht andere nach sich, und schneller als man denkt fühlt man sich seelisch krank. Solche Leiden sind oft anhaltender und folgenschwerer als körperliche.
Vertrauen Sie auf Ihre Willensstärke, und glauben Sie an die Heilkraft guter Gedanken. In jedem von uns steckt viel mehr als wir selber ahnen. Die Fähigkeit, über sich selbst hinauszuwachsen, ist in Wirklichkeit ein Potential, das in jedem von uns schlummert.
Ich möchte es in Ihnen wecken, so daß Sie sich Ihrer innewohnenden Kräfte und deren Wirkungen voll bewußt werden.
Entdecken Sie täglich neue Teile Ihres großen „Lebensmosaiks". Entdecken Sie zum Beispiel die angenehme Wirkung richtigen Atmens, die Empfindung wohlriechender Düfte, die Faszination, die von dem breitgefächerten Farbenspiel der Natur, von harmonischen Klängen, von Bewegungen und von der Berührung geliebter Menschen, Tiere und Gegenstände ausgeht.
Entdecken Sie in all dem Wohlstand, in dem wir heute so selbstverständlich leben, die Dankbarkeit wieder.
Ich habe in dieser Aufzählung die Ernährung absichtlich nicht angesprochen, da ihr dieses Buch gewidmet ist. Ich verspreche Ihnen bestimmt nicht zuviel, wenn ich sage, daß Gesundheit und Glücklichsein viel mit einer harmonischen Ernährungsweise zu tun haben.

TRENNKOST – DIE ERNÄHRUNG DER ZUKUNFT?

Gekochtes Fleisch gehört zu den eiweißreichen Lebensmitteln

Die meisten Gemüsesorten zählen zur Gruppe der neutralen Lebensmittel

Getreide und Getreideprodukte sind kohlenhydratreiche Lebensmittel

Erfahrungen mit der Trennkost

Nach meinen Beobachtungen, die ich in all den Jahren seit 1981 machen durfte, bin ich zu der Überzeugung gelangt, daß die Trennkost die Ernährungsweise der Zukunft ist.

Immer mehr Menschen wagen den Versuch, ihre Ernährung umzustellen, und erleben an ihrer körperlichen und seelischen Verfassung die Vorteile, die naturbelassene, richtig zusammengestellte Nahrung mit sich bringt. Meiner Ansicht nach sind wir bereits auf dem Weg zu einem neuen Bewußtsein.

Das Konzept dieser harmonischen und gesunden Eßweise haben wir dem amerikanischen Arzt Dr. Howard Hay zu verdanken. Er selbst litt in den dreißiger Jahren an einer schweren Nierenerkrankung, und kein Arzt konnte ihm helfen. Lange Zeit erforschte er selbst seine Krankheit. Er untersuchte die chemische Zusammensetzung des menschlichen Körpers und stellte fest, daß er zu 80 Prozent aus basischen und zu 20 Prozent aus sauren Elementen besteht. Dementsprechend stellte er seine tägliche Nahrung zusammen, aß vorwiegend basenbildende und weniger säurebildende Lebensmittel und trennte solche mit einem hohen Kohlenhydratgehalt von den eiweißreichen. Das Unglaubliche geschah: Durch die Trennung und die richtige Zusammensetzung der Kost gelang es ihm, sich selbst von seinem schweren Leiden zu heilen.

Seit Jahren biete ich Kurse für Übergewichtige an und kann aus eigenen Erfahrungen mit Gruppenmitgliedern den gesundheitlichen Wert dieser Ernährungsweise bestätigen. Nicht nur Nierenkranke erfuhren durch die veränderte Eßweise Besserung, sondern auch Menschen mit anderen Stoffwechselerkrankungen, mit rheumatischen Beschwerden, Migräne, Kreislauferkrankungen, Wechseljahrsbeschwerden, innerer Unruhe und Ekzemen. Übergewichtige nahmen erfolgreich ab, erhöhte Cholesterinwerte sanken, und viele Patienten konnten sogar auf die Einnahme von Medikamenten verzichten. Diesen Schritt kann man natürlich stets nur gemeinsam mit dem behandelnden Arzt tun. Besonders Diabetiker müssen in ständiger ärztlicher Betreuung bleiben, da sie aufgrund der veränderten Ernährung neu eingestellt werden müssen.

Ärzte und Heilpraktiker empfahlen ihren übergewichtigen Patienten, an meinen Kursen teilzunehmen, nachdem sie sich von den positiven Auswirkungen der Trennkost überzeugt hatten. Auch die Krankenkassen wurden aufmerksam, und sie unterstützen noch heute mit teilweiser Kostenrückerstattung die Trennkostkurse, die inzwischen in ganz Deutschland angeboten werden.

Die Trennkost ist bis heute noch nicht wissenschaftlich bewiesen, doch sind die Erfolge so verblüffend, daß viele Kliniken, Ärzte und Heilpraktiker diese Ernährungsweise empfehlen. Auch Schönheitsfarmen im In- und Ausland bieten die Trennkost im Rahmen ihrer Kuren.

Was ist das Entscheidende an der Trennkost?

Hauptmerkmal ist, wie der Name schon sagt, die Trennung: es werden die überwiegend eiweißhaltigen und die überwiegend kohlenhydrathaltigen Nahrungsmittel voneinander getrennt verzehrt. Eine hundertprozentige Trennung ist natürlich nicht möglich, sondern nur die der Extreme. Der Sinn und Zweck davon ist, eine gewisse Ordnung in unsere Verdauung zu bringen. Die Speisen werden harmonisch aufeinander abgestimmt, damit die Verdauungsorgane bei der täglichen Nah-

rungszerlegung nicht übermäßig strapaziert werden. Viele kennen es sicher aus eigener Erfahrung, daß es dem Körper nicht unbedingt guttut, wenn man alles durcheinander ißt.
Kleinkinder verspüren diese Disharmonie im Bauchbereich besonders stark, da sie noch sehr viel feinfühliger sind als wir Erwachsenen.
Betrachten wir doch einmal die Verdauungsvorgänge in unserem Körper etwas genauer. Mit Hilfe der Verdauungssäfte und -enzyme, die einige unserer Organe produzieren, wird das, was wir essen, in seine kleinsten Bausteine zerlegt, die dann zum Beispiel vom Darm zur Leber transportiert werden können. Der Körper setzt diese Bausteine entweder nach eigenem Muster wieder zusammen oder baut sie zum Zweck der Energiegewinnung ab. Ohne die Hilfe der Verdauungssäfte und -enzyme ist eine ordnungsgemäße Zerlegung, sprich Verdauung, nicht möglich.
Verfolgt man in groben Zügen den Weg der Nahrung durch unseren Körper, so wird einem bewußt, welche Fehler dazu führen können, daß die körperliche Harmonie gestört wird.
Die erste Station ist der Mund. Hier beginnt bereits die Vorverdauung der Stärke, einem komplexen Kohlenhydrat. Kaut man zum Beispiel über längere Zeit hinweg ein Stück Brot, das sehr viel Stärke enthält, so nimmt man deutlich einen zunehmend süßlichen Geschmack wahr. Durch die Einwirkung der Amylase nämlich, einem Enzym des Speichels, das im basischen Milieu aktiv ist, wird die vorher nicht süßschmeckende Stärke in kleinere Teile zerlegt. Diese Teilchen nennt man auch Dextrine, sie schmecken süß.
Stärke kommt reichlich in Getreide, damit in Brot sowie in Kartoffeln, Nudeln und Reis vor. Um die Vorverdauung durch die Amylase zu gewährleisten, ist gründliches Kauen von größter Wichtigkeit.
Die zweite Station der Verdauung ist der Magen. Erst hier wird Eiweiß vorverdaut, das in größeren Mengen in tierischen Lebensmitteln, also zum Beispiel in Fleisch, Fisch, Käse und Eiern vorkommt. Mit Hilfe der Salzsäure und des Verdauungsenzyms Pepsin wird Eiweiß in kleinere Bausteine, die sogenannten Peptide, zerlegt.
Nach Dr. Hay's Ansicht werden die Verdauungsvorgänge gestört, wenn man gleichzeitig Kohlenhydrate und Eiweiß in konzentrierter Form zu sich nimmt, weil dadurch die Wirksamkeit der Verdauungsenzyme eingeschränkt wird. Er begründet es damit, daß die Aufnahme von Eiweiß die Produktion von Salzsäure und Pepsin im Magen in Gang setzt und dies dann die Wirkung der im basischen Milieu aktiven Amylase aus dem Speichel hemmt. Essen wir nur Kohlenhydrate, dann werden nach Dr. Hay nur wenig saure Säfte im Magen abgesondert, und die Wirkung der Amylase bleibt weitgehend erhalten, so daß die Kohlenhydrate besser verdaut werden können.
Die Folgen falsch kombinierter Speisen sind dann Sodbrennen, Völlegefühl, Blähungen und Verdauungsstörungen.
Die nächste und dritte Station der Nahrung ist der obere Teil des Dünndarms, der Zwölffingerdarm. Hier tritt die Bauchspeicheldrüse (Pankreas) in Aktion, deren Enzyme gemeinsam mit der aus der Leber stammenden Galle mehrere Funktionen zu erfüllen haben.
Die Bauchspeicheldrüse besteht aus zwei Teilen. In einem werden die Hormone Insulin und Glukagon produziert, die bei Bedarf ins Blut abgegeben werden und dort den Blutzuckerspiegel regulieren. Im anderen Teil der Bauchspeicheldrüse werden die Verdauungsenzyme, zum Beispiel Trypsin und Chymotrypsin (eiweißspaltende Enzyme), Amylase (kohlenhydratspaltendes Enzym) sowie Lipase (fettspaltendes Enzym), gebildet, die dann in den Dünndarm abgegeben werden.

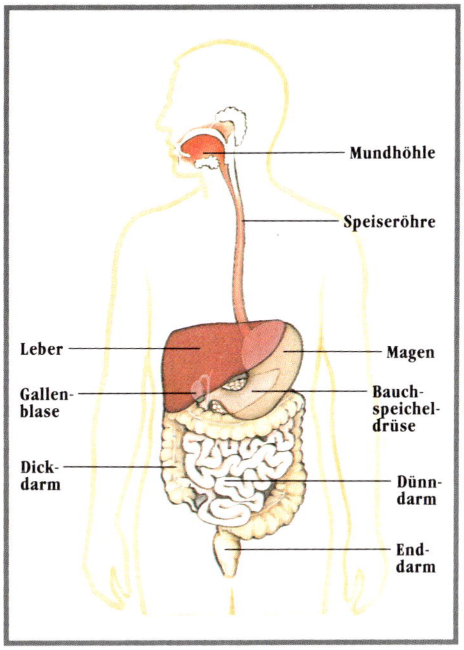

Der Verdauungsapparat des Menschen

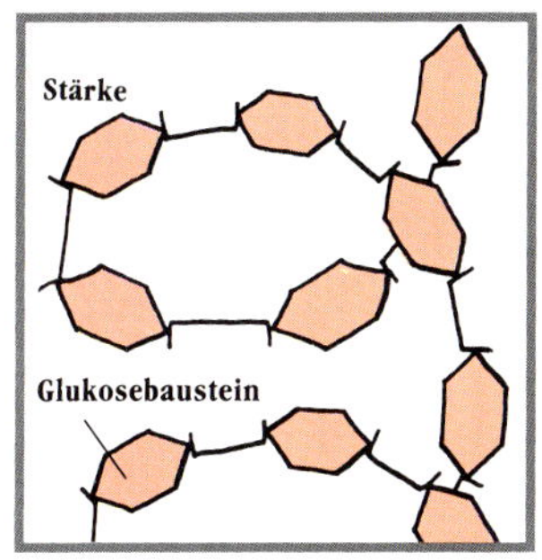

Stärke besteht, ähnlich wie andere Nährstoffe auch, aus miteinander verknüpften Bausteinen, die von Enzymen abgespalten werden können

Damit die komplizierten und vielfältigen Verdauungsvorgänge reibungslos verlaufen, sollte man die Bauchspeicheldrüse keinesfalls überfordern. Durch ein Überangebot beispielsweise besteht die Gefahr, daß die beste Nahrung für unseren Körper zur Belastung wird. Eine verzögerte und unvollständige Verdauung kann in den anschließenden Darmabschnitten zu Gärungsprozessen führen. Die unverdauten Nahrungsbestandteile können von der Darmflora verwertet werden, und übrig bleiben Gase, die zu Blähungen führen. Die Oberfläche der Dünndarmschleimhaut ist von vielen Millionen kleiner Zotten übersät, die die aus der Verdauung hervorgegangenen kleinsten Bausteine der Lebensmittel sowie Vitamine und Mineralstoffe aufnehmen und ins Blut und in den Lymphstrom abgeben. Von dort gelangen diese zur Leber.

Zitrusfrüchte zählen zu den Eiweißen

Die Leber ist mit einer chemischen Fabrik vergleichbar. Sie verwertet alle ankommenden Stoffe, auch die, die der Körper nicht benötigt, wie zum Beispiel Alkohol. Sie kann unglücklicherweise keinen Auftrag zurückschicken. Ungünstig zusammengestellte Nahrung belastet demnach nicht nur das Verdauungssystem, sondern unter anderen auch so wichtige Organe wie die Leber.

Butter und Sahne sind in der Trennkost neutral

Das Trennungsprinzip nach Dr. Hay

Trennkost bedeutet, Speisen harmonisch aufeinander abzustimmen und dadurch Ordnung in unser Verdauungssystem zu bringen. Das Trennen selbst ist keineswegs schwierig. Der Trennungsplan auf den Seiten 14 und 15 gibt Ihnen einen Überblick darüber, was zu den Eiweißen (im folgenden immer blau markiert) und was zu den Kohlenhydraten (im folgenden immer rot markiert) gehört.

Kartoffeln sind, wie Getreide, kohlenhydratreich

In der dritten Spalte des Plans ist all das aufgezählt, was als neutral anzusehen ist (im folgenden immer grau markiert).

Die neutralen Lebensmittel und Speisen dürfen grundsätzlich sowohl mit den Eiweißen als auch mit den Kohlenhydraten gemischt werden. Mit einigen sollten Sie aber etwas vorsichtig umgehen und sie nicht zu häufig essen. Zu ihnen zählen Butter, Fleisch, Wurst und Schinken, aber auch ganz allgemein alles Geräucherte und Gepökelte. Solche Nahrungsmittel werden Sie zwar auch in dem Trennungsplan finden, verstehen Sie das aber keinesfalls als Aufforderung zum reichlichen Verzehr. Ich wollte Ihnen damit zeigen, in welche Sparte verschiedene Nahrungsmittel und Speisen gehören. Schließlich sollte jeder die Freiheit haben, selbst entscheiden zu können, was er essen oder meiden möchte.

Neutral im Sinne der Trennkost heißt, daß diese Lebensmittel und Speisen weder die Eiweißverdauung noch die Kohlenhydratverdauung stören. Sie harmonieren mit allen Lebensmitteln. Möglicherweise empfinden Sie diese Zuordnung in Teilen als widersprüchlich, sie beruht aber auf langjährigen Erfahrungen. So sind zwar zum Beispiel gesäuerte Milchprodukte eiweißreich, gelten aber dennoch als neutral, da das Eiweiß durch die Säuerung verändert und dadurch leichter verdaut wird. Rohes Fleisch und roher Fisch sind ebenfalls eiweißreiche Lebensmittel, die aber deshalb in der Trennkost als neutral gelten, weil ihre Zellstruktur noch unverändert ist. Sie wird durch Erhitzen beeinflußt, und das dann auch veränderte Eiweiß ist nach Ansicht von Dr. Hay schwerer verdaulich.

Auch für rohes Fleisch und rohen Fisch gilt der Hinweis, sie in Maßen zu essen, denn sie zählen, wie alle Lebensmittel tierischen Ursprungs, nicht zu den empfehlenswerten.

Alle Fette, zum Beispiel kaltgepreßte, naturbelassene Öle, Butter und solche, die in Sahne, vollfettem Käse, geräuchertem Fisch und in rohen Wurstwaren enthalten sind, gehören nach dem Verständnis der Trennkostlehre zu den neutralen Lebensmitteln. Fett wird nicht im Magen, sondern erst im oberen Teil des Dünndarms verdaut und ruft deshalb keine Störungen hervor.

Dr. Ludwig Walb, der bedeutendste Vertreter der von Dr. Hay entwickelten Kostform in Deutschland, nannte diese „Trennkost“, was weltweit zu Mißverständnissen führte, da eine hundertprozentige Trennung von Eiweiß und Kohlenhydraten nicht möglich ist und dies auch nicht angestrebt wird. Die Bezeichnung „harmonisches Essen“ wäre weitaus zutreffender gewesen, denn die richtig und harmonisch zusammengestellte Nahrung und die sich daraus dann ergebende gute Verdauung stehen bei dieser Ernährungsweise im Vordergrund.

HARMONISCHE UND VOLLWERTIGE KOST

Was verbirgt sich hinter dem Begriff „vollwertig"?

Schon seit längerer Zeit ist bekannt, daß zum Beispiel stark bearbeitete und raffinierte Lebensmittel, wie zum Beispiel weißes Mehl, Haushaltszucker und polierter Reis, wertvolle Inhaltsstoffe nur noch in Spuren enthalten. Natürlicherweise enthaltene Vitamine, Mineralien- und Ballaststoffe fallen dem Verarbeitungsprozeß weitgehend zum Opfer. Es wird deshalb empfohlen, sich vollwertig zu ernähren, was bedeutet, daß man Lebensmittel bevorzugt, die naturbelassen sind und sie unerhitzt als Rohkost oder schonend gegart zu sich nimmt. Der größte Teil der Nahrung sollte aus pflanzlichen Lebensmitteln bestehen, zu ihnen zählen Salate, Gemüse, Kartoffeln, Obst, Vollkorngetreide und daraus hergestellte Produkte, Naturreis und hochwertige, kaltgepreßte Öle. Mit einer Kost, die diese Lebensmittel in den Vordergrund stellt, die Milchprodukte enthält, Fleisch und Fleischwaren aber zur Beilage werden läßt, versorgen wir unseren Organismus ausreichend mit lebenswichtigen Mineralstoffen, Vitaminen, Enzymen und Ballaststoffen. Sie liefert dem Körper alles, was er zum Leben braucht und selbst nicht herstellen kann.
Ich möchte an dieser Stelle eine Einschränkung machen. Aus meinen langjährigen Erfahrungen, die ich in Gesprächen mit meinen für Übergewichtige organisierten Gruppen, mit mehreren tausend Menschen sammelte, weiß ich heute, daß es sehr viele Menschen gibt, die eine reine Vollwertkost nicht gut vertragen.
So dürfen zum Beispiel Menschen mit einem geschädigten Darm ihre Ernährung nur ganz langsam umstellen. Besonders der höhere Ballaststoffanteil der vollwertigen Kost kann Probleme bereiten und zu Blähungen führen. Wer einen empfindlichen Magen hat, sollte zunächst ausprobieren, welche Gemüsesorten er auch roh essen kann. Auch Speisen mit Frischkorn sind dann mit Vorsicht zu genießen. Beschränken Sie den Frischkostanteil am Anfang eventuell auf Salate und essen Gemüse schonend gedünstet. Auch Menschen, die unter einem Enzymmangel leiden, sollten mit Vollkornkost vorsichtig beginnen, jeden Bissen sehr sorgfältig kauen und Neues nur in kleinen Mengen essen. Das Trennungsprinzip hat sich in meinen Gruppen speziell in diesen Fällen bestens bewährt. Durch die harmonisch zusammengestellte Nahrung werden die empfindlichen Verdauungsorgane entlastet.

Der erste Schritt zur Vollwertkost

Wenn Sie auf dem Gebiet der Vollwerternährung noch Neuling sind, empfehle ich Ihnen, diese für Sie neuartige Form des Essens in kleinen Schritten anzugehen.
Wählen Sie zu Beginn eine leichtverdauliche Getreideart, zum Beispiel Dinkel. Haben Sie schon einmal mit Dinkelmehl gebacken oder gekocht? Es lohnt sich wirklich. Ich arbeite gerne mit diesem dem Weizen ähnlichen Getreide und habe die schönsten Rezepte für Pikantes und Süßes in dieses Buch aufgenommen. Der feine, nußartige Geschmack des Dinkels findet allgemein großen Anklang. Wenn Sie keine Getreidemühle besitzen, lassen Sie sich die Dinkelkörner im Reformhaus oder im Naturkostladen fein mahlen. Sie sollten frisch gemahlenes Mehl rasch verarbeiten, so bleiben das Aroma sowie auch Vitamine erhalten.
Wählen Sie für Ihren ersten Backversuch mit Vollkornmehl ein leichtes Teegebäck, das zusätzlich gemahlene Mandeln oder Haselnüsse enthält.

Essen Sie viel Gemüse, roh oder schonend gegart

Salate sind die ideale Rohkost

Teige aus Vollkornmehl sollten immer etwas länger gerührt oder geknetet werden. Auch ist es ratsam, etwa die doppelte Menge Triebmittel (Hefe oder Backpulver) zu verwenden als für Teige aus Weißmehl, denn Vollkornteige sind von Natur aus schwerer.
Auch beim Kochen ist Dinkel sehr vielseitig verwendbar. Weichen Sie zum ersten Ausprobieren 100 g Dinkelkörner über Nacht in Wasser ein. Lassen Sie die Körner am nächsten Tag bei geringer Hitzezufuhr in wenig Wasser etwa 25 Minuten köcheln, nehmen den Topf anschließend vom Herd und lassen das Getreide für etwa $^1/_2$ Stunde quellen.
Diesen gekochten Dinkel können Sie als Einlage zum Beispiel für eine pikant gewürzte Gemüsesuppe verwenden oder auch als süße Zwischenmahlzeit mit Sahnedickmilch und Honig verrührt genießen. Nach Belieben können Sie noch eine kleine Banane hineinschneiden.
Sie werden feststellen, daß vollwertige Speisen gut und anhaltend sättigen und geschmacklich mehr bieten als Fertiggerichte und Konserven. Gesund Essen bedeutet nicht, auf Gutes zu verzichten, sondern es durch Besseres zu ersetzen.

Dinkel

Ist Fleisch wirklich ein Stück Lebenskraft?

Ein weiteres wichtiges Thema ist der Verzehr von Fleisch, Wurst und anderen Fleischwaren, der in der Regel übermäßig hoch ist.
Fleisch, in großen Mengen genossen, ist ungesund. Neuere Untersuchungen geben Anlaß zu der Vermutung, daß eine damit verbundene zu hohe Eiweißzufuhr zu krankmachenden Ablagerungen führen kann. Fleisch und besonders Wurstwaren enthalten darüber hinaus oft viel Fett und damit Kalorien, sie liefern reichlich Cholesterin, was vielen Menschen zu schaffen macht. Diejenigen, die eine erbliche Disposition für die Entstehung von Gicht haben, können den Ausbruch dieser Krankheit durch einen hohen Fleischkonsum provozieren. Auch bei einigen rheumatischen Erkrankungen wird ein zu hoher Fleischkonsum als eine der Entstehungsursachen diskutiert.
Besonders Schweinefleisch und die daraus hergestellte Wurst spielen in unserer heutigen Ernährung eine große Rolle. Schweinefleisch erfreut sich besonderer Beliebtheit, da es bei der Zubereitung wenig Mühe bereitet und zudem den Geldbeutel nicht übermäßig strapaziert.
Trotzdem gibt es viele Fakten, die gegen das Schweinefleisch sprechen. Hier möchte ich Sie gerne auf das Buch von Dr. Reckeweg „Schweinefleisch und deine Gesundheit" aufmerksam machen. Bilden Sie sich nach der Lektüre Ihr eigenes Urteil.

Was versteht man unter Übersäuerung?

Dr. Howard Hay machte es sich damals bei seinen Überlegungen nicht leicht. Die Trennung und die Vollwertigkeit der Nahrung allein reichten ihm nicht aus, um ein neues Ernährungskonzept zu postulieren. Er berücksichtigte deshalb auch die Erkenntnisse über den Säure-Basen-Haushalt des menschlichen Organismus.
Mit dem Begriff der Übersäuerung werden wir heute meist in einem anderen Zusammenhang konfrontiert. Begriffe wie saurer Regen und übersäuerter Boden haben wir alle schon einmal gehört. Daß die Übersäuerung zum Beispiel unseren Wäldern und Meeren schadet, ist mittlerweile auch dem letzten Zweifler bewußt geworden. Unsere Umwelt leidet unter dem Zuviel an Säuren, mit der sie täglich belastet wird. Auch der menschliche Organismus ist mit Säuren konfrontiert, die jedoch nicht von außen auf ihn einwirken, sondern die in seinem Stoffwechsel entstehen, das heißt, die beim Um- und Abbau der Nahrungsbestandteile anfallen. Es handelt sich dabei zum Beispiel um Harnsäure, Kohlensäure und Milchsäure, um nur einige zu nennen. Gleichzeitig gehen aus den verschiedenen Stoffwechselprozessen auch basische Elemente hervor. Da der Körper nur dann überleben kann, wenn im Blut und in den Geweben zwischen Säuren und Basen ein Gleichgewicht herrscht, besitzt er verschiedene wirksame Puffersysteme, die immer wieder für den Ausgleich sorgen. Zahlreiche Vertreter alternativer Ernährungsformen nehmen nun aber an, daß die Kapazitäten des Körpers bei entsprechender Veranlagung, Schwächung oder belastender Lebensweise überfordert sein können und dann eine Übersäuerung ein-

tritt, die gesundheitliche Folgen haben kann. Unter belastender Lebensweise versteht man auch eine ungünstige Ernährung, und zwar eine, in der säurebildende Lebensmittel eine größere Rolle spielen als basenbildende.
Nach Dr. Hay zählen eiweißreiche Lebensmittel, wie Fleisch, Wurst, Fisch, Eier und Käse, aber auch unter Umständen Getreide, zu den Säurebildnern. Gemüse, Salate, Keimlinge und Obst dagegen wirken im Körper eher basenbildend. Sie sollte man bevorzugt essen, was praktisch bedeutet, daß Gerichte zu einem Großteil aus pflanzlichen Lebensmitteln bestehen sollten und Fleisch und Fisch die Beilage sind.
Aber nicht nur die Ernährung spielt bei der Entstehung von Säuren in unserem Körper eine große Rolle. Dauerhafte seelische Belastungen, hervorgerufen zum Beispiel durch familiären oder beruflichen Streß, durch Lärm, Schock, Angst oder übertriebenen Sport, stören unsere innere Harmonie, und es wird vermutet, daß in solchen Situationen die Entstehung von Säuren innerhalb kurzer Zeit sprunghaft ansteigt.
Neben diesen von uns beeinflußbaren Faktoren, die zur Entstehung von Säuren führen, gibt es andere, die man selbst nicht steuern kann. So sind zum Beispiel alle Gewebe des Körpers einem ständigen Auf- und Abbau unterworfen, und beim Abbau von Zellen entstehen neben anderen Stoffen auch Säuren.
Sie sehen, die Angriffe kommen von mehreren Seiten, und vieles kann man selbst tun, um zu verhindern, daß man „sauer“ wird.
Ein gesunder Körper ist sicher in der Lage, alle ihn belastenden Substanzen in seiner Leber abzubauen und sie über die Nieren, über Lunge und Haut auszuscheiden. Doch nach Ansicht vieler Forscher kann auch der gesündeste Organismus eine unaufhörliche Flut saurer Rückstände auf Dauer nicht verkraften.
Ich möchte Ihnen mit den Rezepten in diesem Buch zeigen, daß es mit viel Genuß verbunden sein kann, gesund zu essen. Gemüse, Salate, Keimlinge und Obst bieten eine große Palette von Zubereitungsmöglichkeiten, in die ab und an Fleisch und Fisch als Beilage einbezogen werden. All die basenbildenden Lebensmittel sind auch diejenigen, die viele Vitamine, Mineral- und Ballaststoffe enthalten und die nach Ansicht von Dr. Hay überschüssige Säuren im Körper zu binden vermögen. Wenn wir unseren Körper mit allem Lebenswichtigen versorgen und ihn nicht unnötig belasten, ist dies die beste Voraussetzung, ihn gesund zu erhalten. Bei einem Mangel dagegen können leicht Müdigkeit, Trägheit und Depressionen die Folgen sein.

DIE TRENNKOST IN DER PRAXIS

Entscheiden Sie selbst, welche Kur Sie zum Entschlacken durchführen möchten

Beginnen Sie die Trennkost mit einem Entschlackungstag

Bevor Sie Ihre Ernährung auf die Trennkost umstellen, empfehle ich Ihnen, einen Entschlackungstag einzulegen.
Durch die stoffwechselanregende Wirkung der veränderten Kost kann es unter Umständen kurzfristig zu leichten, ziehenden Schmerzen in den Gelenken und in der Muskulatur kommen. Dies sind Reaktionen des Körpers auf die eintretende Entgiftung, die Sie begrüßen und nicht mit Verärgerung aufnehmen sollten. Sie dürfen aber nur von kurzer Dauer sein, halten sie jedoch an, sollten Sie mit Ihrem Arzt darüber sprechen. Am Entschlackungstag können Sie wählen zwischen: einer Gemüse-Salat-Kur, einer Obstkur, einer Kartoffel-Trink-Kur und einer Kartoffel-Gemüse-Suppe. Lesen Sie im folgenden, was man im einzelnen darunter versteht.

Die Gemüse-Salat-Kur

Essen Sie ausschließlich Gemüse der Saison in roher und/oder leicht gedünsteter Form und/oder Salate. Bereiten Sie alles ohne Fett und Salz zu, nach Belieben können Sie zum Würzen ein wenig vegetarische Gemüsebrühe (Instantpulver) verwenden. Die Mengen an Gemüse oder an Salaten können Sie ganz nach Appetit beliebig wählen.

Die Obstkur

Essen Sie bis 15 Uhr frisches Obst (aber bitte keine Bananen) in beliebiger Menge und ab 17 Uhr dann zwei mittelgroße Bananen oder zwei mittelgroße, gegarte Pellkartoffeln.

Die Kartoffel-Trink-Kur

Diese Form der Entschlackung empfehle ich allen, die einen empfindlichen Magen und Darm haben.
Garen Sie 500 g gewaschene Kartoffeln in etwa 2 l Wasser (ohne Salz). Bei neuen Kartoffeln können Sie die feinen Schalen mitessen, ältere Knollen sollten Sie pellen. Die Kartoffeln zusammen mit der Kochflüssigkeit pürieren und dies über den Tag verteilt trinken.

Kartoffel-Gemüse-Suppe

Diese Suppe wird aus 3 Kartoffeln, 3 Zwiebeln, 3 Stangen Lauch, 1 Stück Knollensellerie und nach Geschmack aus 3 Möhren zubereitet. Das exakte Gewicht der Zutaten spielt keine Rolle.
Putzen Sie das Gemüse, waschen und zerkleinern es. Geben Sie es anschließend in einen Topf und füllen mit Wasser auf. Fügen Sie frische oder auch getrocknete Kräuter und Gewürze (Kümmel, Knoblauch, Petersilie, Majoran, Liebstöckel), aber kein Salz, hinzu und garen das Ganze. Sie können die Suppe, wenn Sie möchten, mit etwas vegetarischer Gemüsebrühe (Instantpulver) abschmecken. Essen Sie sie nach Belieben über den Tag verteilt.

An diesen Entschlackungstagen sollten Sie zusätzlich viel Flüssigkeit in Form von Tees, zum Beispiel Früchtetee, Brennesseltee und andere, oder stillem Mineralwasser (natriumarm) trinken. Bei allen Vorschlägen (außer bei der Obstkur) dürfen Sie eine Kleinigkeit frühstücken.
Allen, die mit der Trennkost abnehmen möchten, empfehle ich mein Buch „Schlank werden nach Dr. Hay – Trennkost". Bei erhöhtem Cholesterinspiegel rate ich zur Lektüre meines Buches „Cholesterinarme Trennkost". Beide Bücher sind wie auch dieses hier im FALKEN Verlag erschienen.

Trennungsplan

Innerhalb einer Mahlzeit dürfen eiweißreiche und kohlenhydratreiche Lebensmittel nicht gemischt werden.

Tips: Verwenden Sie zum Panieren keine Semmelbrösel, sondern Sesam, Mandeln oder Nüsse.
Frikadellen werden statt mit Brötchen mit Quark oder fein geriebenen Möhren gelockert.

Gegarte Muscheln und Krustentiere sind eiweißreich

Pfifferlinge und andere Pilze sind neutral

Eiweiß

Alle Fleischsorten im gegarten Zustand. Das sind zum Beispiel
vom Rind: Braten, Rouladen, Gulasch, Steaks, Hackfleischgerichte, Sauerbraten, Geschnetzeltes;
vom Kalb: Schnitzel, Braten;
vom Lamm und Hammel: Kotelett, Rükken, Keule;
(Schweinefleisch ist nicht empfehlenswert.);
alles gegarte Geflügel zum Beispiel: Putenrollbraten, -schnitzel und -brust sowie Putengeschnetzeltes, Gans, Ente, Grillhähnchen, Poulardenbrust;
alle gegarten Wurstsorten zum Beispiel: gebratene Bratwurst, Fleischwurst, Leberkäse, Rindswurst, Knacker, Corned beef, gekochter Schinken, Geflügelwurst. (Alle Wurstsorten sind ohne Zusatz von Schweinefleisch erhältlich.);
alle ungeräucherten Fischsorten, Schalen und Krustentiere im gegarten Zustand. Das sind zum Beispiel: Scholle, Kabeljau, Seelachs, Lachs, Thunfisch, Makrele, Heilbutt, Hering, Hecht, Forelle, Muscheln, Garnelen, Hummer, Krebse;
alle Sojaprodukte zum Beispiel Tofu sowie mit Soja hergestellte Brotaufstriche;
Eier und Milch aller Fettstufen;
alle Käsesorten mit höchstens 50 % Fett i.Tr. zum Beispiel: Harzer, Parmesan, Emmentaler, Edamer, Gouda, Tilsiter;
gekochte Tomaten (auch aus der Dose);
Getränke zum Beispiel: Früchtetee, Apfelwein, herber Weißwein und Sekt;
alle Beerenfrüchte (außer Heidelbeeren), alle Kern- (außer mürben Äpfeln) und Steinobstsorten sowie alle Zitrusfrüchte (Orangen, Zitronen, Grapefruit);
alle exotischen Obstsorten (außer Bananen) zum Beispiel: Mangos, Papayas, Kiwis, Melonen. (Dr. Hay ordnet säurereiche Obstsorten zwar zu den Eiweißen, jedoch hat es sich in meinen Gruppen bewährt, nur geringe Mengen davon mit anderen eiweißreichen Lebensmitteln zu mischen. Oder essen Sie sie nur zusammen mit Milch oder angesäuerten Milchprodukten zum Frühstück oder zwischendurch.)

Neutrale Kost

Die neutralen Lebensmittel dürfen innerhalb einer Mahlzeit sowohl mit den eiweißreichen als auch mit den kohlenhydratreichen Lebensmitteln gemischt werden. Neutral sind
alle Fette zum Beispiel: Öle (kaltgepreßte bevorzugen), ungehärtete Margarinesorten mit einem hohen Anteil an mehrfach ungesättigten Fettsäuren (aus dem Reformhandel), Butter aber auch schmalzähnlicher, pflanzlicher Brotaufstrich (im Reform- oder Naturkosthandel unter der Markenbezeichnung „Holstener Liesel" zu finden);
alle angesäuerten Milchprodukte zum Beispiel: Quark, Joghurt, Kefir, Sahnedickmilch, saure und süße Sahne, Buttermilch aber auch vergorenes Molkekonzentrat (Molkosan);
alle Käsesorten mit mindestens 60 % Fett i.Tr. zum Beispiel: Doppelrahmfrischkäse, Rahmgouda, Butterkäse, Camembert;
alle Weißkäsesorten zum Beispiel: Schafs- und Ziegenkäse, Mozzarella, körniger Frischkäse;
alle rohen, geräucherten Wurstwaren zum Beispiel: Bündner Fleisch, roher Schinken, Salami, Blutwurst, Debrecziner. (Alle sind auch ohne Zusatz von Schweinefleisch erhältlich.);
rohes Fleisch zum Beispiel: Tartar;
roher marinierter oder geräucherter Fisch zum Beispiel: Schillerlocke, Bückling, Aal, Makrele, Forelle, Räucherlachs, Matjes, Bismarckhering. (Achtung! Viele dieser Produkte enthalten reichlich Salz.);
folgende Gemüsesorten, Salate und Pilze: Auberginen, Artischocken, Brokkoli, Blumenkohl, grüne Bohnen, grüne Erbsen, Fenchel, Gurken, Knoblauch, Kohlrabi, Lauch, Mais, Möhren, Paprika, Peperoni, Radieschen, Rettich, rote Beten, Rosenkohl, Rotkohl, Sauerkraut, Sellerie, Spargel, Spinat, rohe Tomaten, Weißkohl, Wirsing, Zwiebeln, Zucchini, alle Blattsalate (auch Eisberg-, Endivien- und Feldsalat), Chicorée, Chinakohl sowie Austernpilze, Champignons, Pfifferlinge, Steinpilze und andere Pilzsorten;

alle Sprossen und Keimlinge;
alle frischen und getrockneten Kräuter sowie alle Gewürze;
alle Nüsse und Samen (außer Erdnüssen) zum Beispiel: Haselnüsse, Kokosraspel, Mandeln, Pinienkerne, Sesam, Walnüsse;
Heidelbeeren, ungeschwefelte Rosinen;
Oliven;
Eigelb;
Spirituosen zum Beispiel: Korn und Wacholder;
alle Geliermittel zum Beispiel: Gelatine (tierisches Produkt), Agar-Agar (eine pulverisierte Meeresalge – das Pulver wird in kalter Flüssigkeit aufgelöst, man erhitzt das Ganze auf 60 – 80 °C und läßt es erkalten.), pflanzliche Bindemittel aus Johannisbrotkernmehl (aus dem Reformhaus).
Tips: Saucen für Salate, die zusammen mit einer Eiweißmahlzeit gegessen werden, sollten aus Öl, Sahne, Kräutern und Zitronensaft zubereitet werden. Saucen für mit Kohlenhydratmahlzeiten kombinierte Salate sollten aus angesäuerten Milchprodukten, wie zum Beispiel Kefir, Sahnedickmilch und Joghurt, aus vergorenem Molkekonzentrat (Molkosan) oder Brottrunk (aus dem Reformhaus oder der Bäckerei) bestehen.

Kohlenhydrate

Alle Getreidesorten zum Beispiel: Dinkel, Weizen, Roggen, Gerste, Hafer, Grünkern, Hirse, Mais, Naturreis;
Buchweizen;
alle Vollkorngetreideerzeugnisse zum Beispiel: Vollkornbrot und -brötchen, Kuchen aus Vollkornmehl, Vollkornnudeln, -grieß;
folgende Gemüse- und Obstsorten: Kartoffeln, Topinambur, Grünkohl, Schwarzwurzeln, Bananen, ungeschwefeltes Trockenobst (außer Rosinen – sie sind neutral. Korinthen hingegen zählen zu den Kohlenhydraten.), frische Datteln und Feigen, mürbe Äpfel;
folgende Süßungsmittel: Frutilose, Honig, Ahornsirup, Birnen- und Apfeldicksaft;
Verschiedenes wie zum Beispiel: Kartoffelstärke, Weinsteinbackpulver, Puddingpulver, Carobe (gemahlene Frucht des Johannisbrotbaumes – das Pulver wird wie Kakao verwendet und ist im Naturkostladen erhältlich), Bier.
Tip: Getreidebratlinge werden nur mit Vollkornbröseln, Nüssen oder Sesam paniert und nicht vorher in Ei gewendet.

Bitte meiden Sie:
weißes Mehl und daraus hergestellte Produkte zum Beispiel: süße und pikante Backwaren sowie Nudeln;
polierten Reis;
Zucker, Süßstoffe und damit hergestellte Produkte zum Beispiel: Süßigkeiten und Marmeladen;
Fertiggerichte und Konserven;
getrocknete Hülsenfrüchte zum Beispiel: Erbsen, Linsen, Bohnen;
Erdnüsse und Preiselbeeren;
Schweinefleisch und daraus hergestellte Produkte;
generell rohes Fleisch und rohes Eiweiß von Eiern;
fertige Mayonnaise;
gehärtete Fette zum Beispiel: normale Margarinesorten, feste, weiße Fritierfette (Plattenfette);
schwarzen Tee, Kaffee und Kakao.

Dr. Hay rät besonders Nierenkranken vom Verzehr von großen Mengen Spinat, von Rhabarber, Kastanien, Meerrettich, Senf und Pfeffer ab.
Generell sollten Sie nur wenig Fleisch zu sich nehmen. Das gilt auch für Geräuchertes und Gepökeltes, die Stoffe enthalten, von denen man annimmt, daß sie die Entstehung von Krebs fördern können. Ob Sie ganz auf solche Nahrungsmittel verzichten, bleibt in Ihrem Ermessen.
Achten Sie auch auf Ihren Salzkonsum. Allzuviel Salz ist ungesund. Besonders Wurst, Käse, Fertigprodukte, aber auch Brot enthalten viel Salz.

Erklärung der Farben
blau = Eiweißmahlzeiten beziehungsweise eiweißreiche Lebensmittel
rot = Kohlenhydratmahlzeiten beziehungsweise kohlenhydratreiche Lebensmittel
grau = neutrale Mahlzeiten beziehungsweise neutrale Lebensmittel
Damit Sie auf den ersten Blick erkennen, zu welcher der drei Gruppen ein Gericht im nachfolgenden Rezeptteil gehört, sind die Überschriften der Rezepte ebenfalls entsprechend farbig gedruckt.

Hinweis
Sie finden diesen Trennungsplan auch auf dem herausnehmbaren Poster am Ende des Buches. Hängen Sie sich dieses in die Küche, dann haben Sie immer alle Lebensmittelgruppen auf einen Blick. So fällt auch das Variieren von Rezepten leichter.

Ungeschwefeltes Trockenobst ist kohlenhydratreich

Meiden Sie raffinierte Produkte wie Zucker und Weißmehl

Essen Sie zur Abwechslung morgens ein Müsli

Mengenplan

Die Gewichtsangaben und die Uhrzeiten auf dem Mengenplan sind nur ungefähre Richtlinien und sollten von Ihnen selbst erprobt werden.
Hungern und Fasten sind oftmals sinnlos, niemand soll hungrig vom Tisch aufstehen, denn dadurch wird Naschen vorprogrammiert.
Aber immer daran denken: Zum Gesundbleiben benötigt jeder Körper ausreichend Gemüse, Salate und Obst, die man zu einem Teil als Rohkost essen sollte.

Ein Glas (etwa 200 ml) natriumarmes Mineralwasser ohne Kohlensäure

Frühstück:

Man hat die Wahl zwischen einer Kohlenhydrat-, einer Eiweiß- und einer Obstmahlzeit

Kohlenhydratmahlzeit:
1 Scheibe Vollkornbrot (50 g)
oder 1 Vollkornbrötchen
oder 3 Scheiben Vollkornknäckebrot dünn mit Butter oder Margarine bestreichen,
dazu:
30 g Wurst (ca. 1 Scheibe)
oder 30 g Käse (ca. 1 Scheibe)
oder 50 g Quark (ca. 2 EL)
oder 2 TL Honig
oder ein Müsli (siehe Rezept Seite 29)

Eiweißmahlzeit:
2 Eier (als Spiegeleier, Rühreier, gekocht oder im Glas)
(Mehr als 4 Eier pro Woche sind nicht empfehlenswert.)
Dazu Tomaten, Gurken, Paprika, Radieschen oder ein anderes neutrales Gemüse, aber kein Brot

Obstfrühstück:
Obst der Saison (außer Bananen) in beliebiger Menge

Wer auf seinen Kaffee oder schwarzen Tee nicht verzichten möchte, sollte ihn mit etwas Sahne, eventuell auch mit Honig mischen.
Wichtig: Jeden Bissen sorgfältig kauen und gut einspeicheln. Kaffee oder Tee ist kein Speichelersatz.

Ein großes Glas Tee oder stilles Mineralwasser

Ein großes Glas Tee oder stilles Mineralwasser

Zwischenmahlzeiten:

200 g Obst der Saison (aber keine Banane)
oder 250 ml frische Milch oder angesäuerte Milchprodukte
oder 100 g Obst und dazu 125 ml Milch oder angesäuerte Milchprodukte

Ein großes Glas Tee oder stilles Mineralwasser

Mittagessen:

Zum Mittagessen haben Sie die Wahl zwischen einer Eiweiß- und einer Kohlenhydratmahlzeit

Eiweißmahlzeit:
100–150 g Fleisch
oder 150–200 g Fisch
oder 2 Eier
oder 60 g Käse
oder 80 g gegarte Wurstsorten
Dazu 400 g Gemüse und Salat

Kohlenhydratmahlzeit:
50 g Getreide
oder 50 g Naturreis (roh gewogen)
oder 50 g Vollkornnudeln (roh gewogen)
oder 200 g Kartoffeln
Dazu 400 g Gemüse und Salat
Hierzu können noch 30–50 g neutrale Lebensmittel oder Speisen gegessen werden (siehe Trennungsplan Seite 14 oder Rezeptteil)

Zusätzlich zu den Zutaten für die Eiweiß- oder Kohlenhydratmahlzeit können Sie kleine Mengen Butter, Margarine, Öl oder Sahne verwenden. Sie sind neutral und passen immer dazu.
Während einer Hauptmahlzeit sollte man nichts trinken. Falls Sie nicht darauf verzichten wollen, trinken Sie die Flüssigkeit nur schluckweise.

Ein großes Glas Tee oder stilles Mineralwasser

Ein großes Glas Tee oder stilles Mineralwasser

Ein großes Glas Tee oder stilles Mineralwasser

Zwischenmahlzeiten:

1 Banane
oder 1 Müsliriegel ohne Zucker
oder 1 Stück Kuchen (Rezepte Seite 32–34)
oder 2–3 Plätzchen (Rezepte Seite 34–39)
oder 1 Scheibe Knäckebrot mit Honig
oder 2 EL Quark mit 1 TL Honig
oder 1 EL Vollkornhaferflocken und 1 Joghurt
oder 200 g angesäuerte Milchprodukte
(Keine Frischmilch mehr, da sie nachmittags schwerer verdaulich ist.)

Ein großes Glas Tee oder stilles Mineralwasser

Abendessen:

Am Abend hat man die Auswahl bei den Kohlenhydraten
50 g Getreide
oder 100 g Vollkornbrot
oder 50 g Naturreis (roh gewogen)
oder 50 g Vollkornnudeln (roh gewogen)
oder 200 g Kartoffeln
dazu 400 g Gemüse und Salat und 30–50 g neutrale Speisen und in kleinen Mengen Butter, Margarine, Öl oder Sahne.

Beispiele für eine Kohlenhydratmahlzeit sind gratinierte Champignons und buntes Gemüse auf Reis (Rezepte S. 86)
Selbstgebackene Plätzchen eignen sich als kleine Zwischenmahlzeit am Nachmittag

Essen Sie abends kohlenhydratreich zum Beispiel eine Pizza romana (Rezept S. 92)

Starten Sie in den Tag mit einem guten Frühstück

Kleine Zwischenmahlzeiten schützen vor Heißhunger

Essen Sie mittags zum Beispiel Lachsfilet mit buntem Gemüse (Rezept S. 121)

Ein Tag mit der Trennkost

Vorschläge für das Frühstück

Obst der Saison (außer Bananen) in beliebiger Menge
oder
ein Knuspermüsli (siehe Seite 29)
oder
1 Scheibe Vollkornbrot, das mit Butter bestrichen und mit Käse oder Wurst (ohne Zusatz von Schweinefleisch) belegt wird. Statt dessen können Sie auch 1 gehäuften Eßlöffel Speisequark oder Honig daraufstreichen.

Vorschläge für die 1. Zwischenmahlzeit

1 Stück Obst der Saison (außer Banane)
oder
eine neutrale Zwischenmahlzeit zum Beispiel Joghurt oder 1 Stück Gemüse (siehe Trennungsplan Seite 14 und 15)
oder
eine eiweißreiche Zwischenmahlzeit (siehe Seite 40 bis 43)

Vorschläge für das Mittagessen:

Ein eiweißreiches Gericht (siehe Kapitel „Eiweißreiche Hauptgerichte" auf den Seiten 100 bis 125), zum Beispiel:
Lachsfilet mit buntem Gemüse (Seite 121)
oder
Rühreier mit Gemüsesalat (Seite 108)
oder
Salat mit Hähnchenfleisch und Linsensprossen (Seite 112)
oder
Ungarischer Paprikagulasch (Seite 118)
oder
ein kohlenhydratreiches Gericht (siehe Kapitel „Kohlenhydratreiche Hauptgerichte" Seite 64 bis 99), zum Beispiel:
Grünkernknödel mit Sauerkraut Holstener Art (Seite 95)
oder
Matjes in Sahne mit Kartoffeln (Seite 72)
oder
Gemüse-Pilz-Pfanne (Seite 84)
oder
Spaghetti auf Gemüse (Seite 81)

Vorschläge für die 2. Zwischenmahlzeit

1 Banane
oder
1 süßer (mürber) Apfel
oder
eine neutrale Zwischenmahlzeit zum Beispiel Quark oder Joghurt mit Heidelbeeren oder ein Stück Gemüse (siehe Trennungsplan Seite 14 und 15)
oder
eine kohlenhydratreiche Zwischenmahlzeit zum Beispiel ein Stück Kuchen oder einige Plätzchen (siehe Seite 32 bis 38)

Vorschläge für das Abendessen

Am Abend sollte man die leichter verdaulichen Kohlenhydrate bevorzugen. Essen Sie zum Beispiel:
Reissalat (Seite 89)
oder
Bunte Pizzabrote (Seite 94)
oder
Pizza Romana (Seite 92)
oder
Zwiebelkuchen (Seite 93)
oder
Pfifferlingshirsotto (Seite 84)
oder
Pellkartoffeln mit Quark (Seite 71)

Für all diejenigen, die unter Zeitmangel leiden, ist es ratsam, die Hauptzutat gleich für zwei Mahlzeiten auf einmal zuzubereiten. Zum Beispiel Blumenkohl: Gart man die doppelte Menge, so läßt sich aus einer Hälfte eine Kohlenhydratmahlzeit zubereiten, zum Beispiel „Blumenkohl mit Kräuterbutter und Kartoffeln", und am nächsten Tag aus dem Rest eine Eiweißmahlzeit, zum Beispiel „Blumenkohlsalat mit Putenschnitzel".
Im Rezeptteil finden Sie eine Reihe von Gerichten, die Sie sehr schnell zubereiten können. Zum Beispiel:
Kartoffel-Lauch-Suppe (Seite 66)
Zucchini-Kartoffel-Suppe (Seite 66)
Möhren-Kartoffel-Eintopf (Seite 68)
Bunter Gemüsesalat (Seite 76)
Bunte Pizzabrote (Seite 94)
Pellkartoffeln mit Quark (Seite 71)
Bratkartoffeln mit Rosenkohl (Seite 72)
Kartoffelbrei mit Sauerkraut und Röstzwiebeln (Seite 72)
Mandelpfannkuchen (Seite 99)

Spaghetti mit Knoblauch-Sahne-Sauce (Seite 79)
Tomatensalat mit Rühreiern (Seite 110)
Überbackenes Gemüse (Seite 102)
Überbackener Blumenkohl (Seite 104)
Putenrahmschnitzel mit Butterbohnen (Seite 110)
Spinat-Hackfleisch-Auflauf (Seite 115)
Schollenfilets mit Gurkensalat (Seite 125)

Mahlzeiten richtig zusammenstellen

Wie Dr. Howard Hay herausfand, besteht unser Körper zu 20 Prozent aus sauren und zu 80 Prozent aus basischen Elementen. Er folgerte daraus, daß es am günstigsten sei, auch die täglichen Mahlzeiten entsprechend zusammenzustellen. Sie sollten also zu 20 Prozent aus säurebildenden und zu 80 Prozent aus basenbildenden Nahrungsmitteln bestehen. Das bedeutet für die Praxis, daß eine Eiweißmahlzeit aus 1 Teil Fleisch oder Fisch oder Eiern oder Käse (zum Beispiel 1 Teil = 100 g) und aus 3 bis 4 Teilen Gemüse und Salat (entsprechend dem Beispiel 300–400 g) bestehen sollte. Das Gemüse kann gegart sein, kann aber auch als Rohkost verzehrt werden.

Entsprechend sollte eine Kohlenhydratmahlzeit aus 1 Teil Kartoffeln oder Naturreis oder einem anderen Getreide oder Vollkornnudeln (zum Beispiel 1 Teil = 100 g) und aus 3 bis 4 Teilen Gemüse und Salat (entsprechend dem Beispiel 300–400 g) bestehen. Auch hier kann man Gemüse gegart oder als Rohkost zu sich nehmen.

Säurereiches Obst, wie Beeren, Stein- und Kernobst sowie Zitrusfrüchte, sollte aus Gründen der Verträglichkeit niemals zusammen mit den zu den Kohlenhydraten zählenden Nahrungsmitteln gegessen werden (sehen Sie dazu auch den Trennungsplan Seite 14). Diese Früchte zählen zwar zu den Eiweißen, doch hat es sich bewährt, sie nur in geringen Mengen mit anderen eiweißreichen Nahrungsmitteln zu kombinieren. Sehr gut ist es, sie speziell nur zum Frühstück, als Zwischenmahlzeit oder auch an heißen Tagen als komplettes Mittagessen zu genießen.

Es empfiehlt sich, nach 15 Uhr außer Bananen, Heidelbeeren und Trockenobst keine Früchte mehr zu sich zu nehmen, da es im Darm ansonsten leicht zu Gärungsprozessen kommen kann.

Tomatensalat mit Rühreiern und Putenrahmschnitzel mit Butterbohnen (Rezept S. 110) sind schnell zubereitet

Der Apfel spielt in der Trennkost eine besondere Rolle. Frisch geerntet enthält er größere Mengen an Fruchtsäuren und zählt dadurch zu den Eiweißen. Ein gelagerter, mürber, süßer Apfel darf hingegen innerhalb einer Mahlzeit auch mit Getreide, Vollkornnudeln, Naturreis oder Kartoffeln, also mit kohlenhydratreichen Lebensmitteln, gemischt werden. Mit mürben Äpfeln kann man einen Apfelkuchen backen, kann aus ihnen Apfelbrei zubereiten und ihn mit Reis oder Nudeln essen oder kann ein Müsli mit geriebenen Äpfeln anreichern.

Der Apfel spielt in der Trennkost eine besondere Rolle

Trennkost im Restaurant, auf Reisen und in Kantinen

Wenn auch Sie Spaß daran gefunden haben, Ihre Mahlzeiten harmonisch zusammenzustellen, und Ihnen diese Art zu essen guttut, wird es Ihnen sicherlich leichtfallen, auch im Restaurant die Speisen nach den Prinzipien der Trennkost auszuwählen.

Eine Speisenkarte setzt sich im allgemeinen aus Fleischgerichten, Beilagen und Salaten zusammen. Ihnen ist es freigestellt, ob Sie sich für eine Eiweiß- oder für eine Kohlenhydratmahlzeit entscheiden.

Möchten Sie gerne Fleisch, Fisch oder etwas mit Eiern essen, bevorzugen Sie also eine Eiweißmahlzeit, so ist das richtige Kombinieren sehr einfach. Wählen Sie statt der üblichen Kartoffel-, Reis- oder Nudelbeilage eine doppelte Portion Salat oder Gemüse also neutrale Lebensmittel und Speisen.
Möchten Sie lieber eine Kohlenhydratmahlzeit zu sich nehmen, ist die Auswahl in leider noch vielen Restaurants nicht gerade üppig. Wählen Sie Kartoffeln, Reis, Nudeln oder Brot und essen dazu geräucherte Forelle, Räucherlachs, Schafskäse oder Heringstöpfchen, also neutrale Lebensmittel und Speisen. Essen Sie dazu stets einen großen Salat oder reichlich Gemüse.
Beim Essen im Urlaub, also in Hotels, und in Kantinen sollten Sie ebenso vorgehen. Auch hier werden sowohl Fleischgerichte als auch Beilagen und Salate angeboten. Entscheiden Sie sich wiederum für eine Eiweiß- oder eine Kohlenhydratmahlzeit.
Berufstätige, die nicht die Möglichkeit haben, in einer Kantine zu essen oder die dies nicht möchten, sollten sich Salate aus Tomaten, Gurken, Paprika, Blumenkohl, Chinakohl, Kohlrabi, Radieschen, Weiß- und Rotkraut, Sauerkraut, Fenchel und anderen Gemüsesorten mitnehmen. Kombinieren Sie dazu für eine Eiweißmahlzeit nach Belieben Roastbeef, kalten Braten, Hähnchenfleisch, Eier, Käse oder Fisch. Oder bereiten Sie eine Kräuter-Quark-Creme zu, in die Sie dann rohes Gemüse dippen.
Für eine Kohlenhydratmahlzeit eignen sich zum Beispiel Kartoffelsalat, Reissalat, Nudelsalat, Getreidebratlinge und Brot.

Mungobohnenkeimlinge

Linsenkeimlinge

Keimlinge und Sprossen selbst ziehen

Sorte	Quellzeit in Stunden	Anzahl der Spülvorgänge pro Tag	Keimzeit in Tagen	Länge des Keims	ungefährer Ertrag: Samen
Adzukibohne	12	3	4	Bohnenlänge	3 : 1
Alfalfa	8	2	7–10	max. 10 cm	5 : 1
Bockshornklee	6–8	2	2	Samenlänge	4 : 1
Buchweizen, ungeschält	–	2	2–3	0,5 cm	2,5–3 : 1
Erbse	12	2–3	3	Erbsenlänge	2 : 1
Hirse, ungeschält	8	2–3	3	0,2 cm	1,5 : 1
Kichererbse	12	3–4	3	0,5 cm	3–4 : 1
Kresse	–	1	6–8	4 cm	2 : 1
Kürbis	12	3	2–3	0,3 cm	2 : 1
Leinsamen	–	1	2–3	Samenlänge	1,5 : 1
Linse	8	2–3	3	2 cm	4–6 : 1
Mungobohne	12	2–3	3–4	2 cm	5–6 : 1
Nacktgerste	8	1–2	2–3	Kornlänge	2 : 1
Nackthafer	4	2	2–3	Kornlänge	2 : 1
Rettich	–	2–3	3–4	0,3 cm	2–3 : 1
Roggen	12	2	2–3	Kornlänge	2 : 1
Senf	–	1	2–3	bis 0,5 cm	2 : 1
Sesam	6	2	2	0,2 cm	1,5 : 1
Sojabohne, gelbe	12	3–4	3–4	Bohnenlänge	4 : 1
Sonnenblume	6	2–3	2	Kernlänge	2 : 1
Weizen	12	2	2–3	Kornlänge	2 : 1

Keimlinge und Sprossen als Vitaminspender

Keimlinge und Sprossen sind richtige kleine „Vitaminbomben". Während des Einweichens und im Laufe des Keimprozesses werden nämlich in den Samenkörnern Enzyme aktiv, die Nährstoffe in ihre Bausteine zerlegen und unter anderem auch Vitamine bilden. All dies geschieht, um den Keimling mit allem zu versorgen, was er zum Wachsen braucht, und das können auch wir uns zunutze machen. Keimlinge und Sprossen zählen zu den neutralen Lebensmitteln. Man kann sie zum Beispiel sehr gut unter Salate mischen, auf verschiedene Brotbeläge streuen oder ins Müsli mischen (zum Beispiel Weizenkeimlinge). Besonders im Winter, wenn viele Salatsorten aus dem Treibhaus stammen, sind Keimlinge ein guter Zu- oder Ersatz. Eine Vielfalt an Keimlingen und Sprossen wird inzwischen im Naturkosthandel oder in gut sortierten Gemüseläden oder -theken fertig angeboten. Es bereitet allerdings wenig Mühe, sie selbst zu ziehen.
Wer kein Keimgerät besitzt (hier liegen Broschüren bei, die über die richtige Handhabung informieren), kann auch ein Einmachglas als Keimgefäß verwenden.

Und so wird's gemacht:
Der keimfähige Samen (dafür verwendbare Sorten finden Sie in der Tabelle links) wird zunächst gründlich gewaschen, und Schmutzteile sowie zerbrochene Samen werden aussortiert. Gießt man reichlich Wasser auf die Samenkörner, so schwimmen nicht mehr keimfähige oben, und man kann sie einfach abschöpfen.
Den Samen nun in ein Einmachglas geben, reichlich Wasser dazugießen und das Glas mit einem Mulltuch abdecken. Das Tuch mit einem Gummiring befestigen (siehe Foto rechts oben).
Die Samen müssen nun quellen (bei Buchweizen, Kresse, Leinsamen, Rettich und Senf ist dies nicht nötig). Wie lange, das erfahren Sie in der Tabelle links. Nach der Quellzeit gießt man das Einweichwasser weg (es eignet sich sehr gut zum Blumengießen!) und spült die Samen nochmals gründlich ab.
Sie werden anschließend aufgelockert, und man stellt das Glas schräg mit seiner Öffnung nach unten auf einen Teller, damit überschüssiges Wasser ablaufen kann.
Man läßt die Samen nun, je nach Sorte unterschiedlich lang, keimen und spült sie regelmäßig ab (siehe Tabelle links). Das ist wichtig, damit sich kein Schimmel bilden kann.

Tips
- Sprossen sollten niemals in Wasser liegen, sie dürfen nur feucht sein.
- Lassen Sie die Samen an einem 18 bis 22 °C warmen hellen, aber nicht sonnenbestrahlten Ort keimen. Nach wie vielen Tagen die jeweiligen Keimlinge erntereif sind, können Sie ebenfalls der Tabelle entnehmen.

Tips zu den Rezepten

- Alle Rezepte, die ich in diesem Buch für Sie zusammengestellt habe, sind leicht nachvollziehbar. Sie sollen Ihnen beispielhaft zeigen, wie man eiweißreiche Lebensmittel mit neutralen und kohlenhydratreiche mit neutralen kombinieren kann.
- Möchten Sie Rezepte variieren oder eigene zusammenstellen, ziehen Sie bitte den Trennungsplan von Seite 14 und 15 zu Rate. Damit Sie den Plan immer griffbereit haben, finden Sie ihn nochmals als Poster zum Heraustrennen am Ende dieses Buches eingeheftet.
- Die Zuordnung der Speisen gelingt Ihnen leicht, da alle Rezepttitel der kohlenhydratreichen Gerichte in Rot, die der eiweißreichen in Blau und die der neutralen in Grau gedruckt sind.
- Die Zutatenmengen beziehen sich bei Stückangaben, wie zum Beispiel „1 Möhre", auf (mittelgroße) Rohware. Bei Grammangaben, zum Beispiel „600 g Zucchini", auf gewaschene, geputzte, küchenfertige Lebensmittel.
- Die Angaben zu Kilokalorien (kcal) und Kilojoule (kJ) gelten jeweils für 1 Portion, bei Gebäck für 1 Stück.
- Bei den Maßangaben TL (= Teelöffel) und EL (= Eßlöffel) gehe ich stets von gestrichenen Maßen aus, bei in Stücken angegebenem Gemüse und Obst von mittelgroßen. Ausnahmen sind jeweils genannt.
- Die in den Rezepten angegebene Zubereitungszeit faßt die Vorbereitungs- und die Garzeit zusammen. Sie kann nur ein Orientierungswert sein, da es von jedem selbst abhängt, wie rasch er arbei-

Samen, wenn nötig, quellen lassen

Das Einweichwasser nach dem Quellen abgießen

Überschüssiges Wasser gut ablaufen lassen

tet. Sind längere Quell- oder Gehzeiten vonnöten, dann habe ich sie zusätzlich vermerkt.

- Einige der in meinen Rezepten verwendeten Zutaten sind fast ausschließlich im Naturkosthandel (Bioläden, Reformhäuser) erhältlich:
  – **Frutilose** ist ein schonend eingedampfter Obstdicksaft. Er ist sehr mild, weil ihm Fruchtsäuren entzogen werden.
  – **Essig** wird in der Trennkost nicht empfohlen. Ich verwende statt dessen vergorenes Molkekonzentrat (Molkosan), Zitronensaft und ab und zu Brottrunk, den man auch in einigen Bäckereien kaufen kann.
  – **Pflanzliche Bindemittel** aus Johannisbrotkernmehl (zum Beispiel Biobin und Nestargel) werden in Pulverform angeboten. Sie sind geschmacksneutral und enthalten nur sehr wenige Kalorien. Verwenden Sie sie bitte nur in sehr geringen Mengen, da beide sehr schnell eine Bindung herbeiführen. Beachten Sie hierzu unbedingt die Hinweise der Hersteller auf den Verpackungen.
  – Zum Salzen verwende ich gerne **Meersalz**. Es enthält lebensnotwendige Mineralstoffe und Spurenelemente, wie zum Beispiel Jod. Auch **Kräutersalz** ist für mich beim Abschmecken unverzichtbar geworden. Sein Kochsalzgehalt liegt bei etwa 84 Prozent.
  – **Vegetarische Gemüsebrühe** als Streuwürze (Instantpulver) wird von verschiedenen Herstellern angeboten. Diese Brühen sind frei von tierischen Zutaten und damit cholesterinfrei. Sie enthalten zudem kein Gluten und sind frei von gehärteten Fetten. Ich verwende das Pulver zum Würzen von herzhaften Gerichten, Suppen, Saucen und Gemüse.
  – Unter der Bezeichnung „Holstener Liesel" gibt es einen **schmalzähnlichen, aber rein pflanzlichen Brotaufstrich** mit Äpfeln und Zwiebeln. Er ist ideal dafür geeignet, Suppen oder Gemüsemahlzeiten, die ohne Fleisch zubereitet werden, ein herzhaftes, würziges Aroma zu geben.
  – Neu entdeckt habe ich geräucherten **Tofu**. In kleine Würfel geschnitten und in heißem Sonnenblumenöl geröstet schmeckt er phantastisch zu Feldsalat oder Kartoffelsalat.
  – Beim Backen, zum Beispiel von Rührteigen, verwende ich **Weinsteinbackpulver** zur Lockerung. Es enthält im Gegensatz zu normalem Backpulver kein Phosphat.
- In einigen meiner Rezepte finden Sie **Sahnedickmilch**. Ich habe erst jetzt erfahren, daß dieses Produkt leider nicht überall erhältlich ist. Sie können statt dessen auch mit Buttermilch verrührte saure Sahne verwenden.
- In der Trennkost spielt die Auswahl und der richtige Gebrauch von Ölen und Fetten eine bedeutende Rolle. Empfehlenswert sind naturbelassene, **kaltgepreßte, unraffinierte Öle.** Sie enthalten wertvolle mehrfach ungesättigte Fettsäuren in größeren Mengen. Olivenöl, Sonnenblumenöl, Distelöl, Weizenkeimöl, Leinsamenöl und Maiskeimöl sind in dieser Qualität erhältlich. Verwenden Sie zum Kochen möglichst nur Oliven- und Sonnenblumenöl. Beide kann man problemlos erhitzen. Alle anderen sollte man nur kalt, zum Beispiel zu Salatsaucen, verarbeiten.
  Butter und ungehärtete Pflanzenfette (zum Beispiel Reformhausmargarine mit einem hohen Anteil an ungesättigten Fettsäuren) sind ebenfalls empfehlenswert, sollten aber in Maßen verwendet werden. Man darf sie nie überhitzen oder stark bräunen. Nicht empfehlenswert sind alle raffinierten Öle, wie zum Beispiel normales Salatöl, und gehärteten Fette, wie zum Beispiel normale Margarinesorten oder Plattenfette (harte, weiße Fritierfette).

Da jeder andere Geschmacksvorlieben hat, möchte ich, daß Sie meine Rezepte als Anregung verstehen. Würzen Sie so, wie es Ihnen am besten schmeckt. Probieren Sie immer mal wieder etwas Neues aus.
Für Familienmitglieder, die sich nicht der Trennkost anschließen möchten, braucht man nicht extra zu kochen. Ergänzen Sie einfach die kohlenhydratreichen Gerichte mit Fleisch oder Fisch und die eiweißreichen mit Kartoffeln, Reis oder Nudeln. Wichtig ist, daß Sie, wie bei jeder anderen Ernährungsweise auch, über den Tag verteilt 1 bis 2 Liter Flüssigkeit als Mineralwasser oder Tee zu sich nehmen. Ab und zu können Sie natürlich auch ein Glas Wein oder Bier trinken.
Bei der Trennkost kommt es nach den Mahlzeiten zu keinem „Leistungsknick". Auch nach einer reichhaltigeren Mahlzeit fühlt man sich frisch und fit. Bei einer gemischten Kost ist dies oft anders. Vielleicht kennen Sie es auch, daß man etwa 20 Minuten nach dem Essen von einer bleiernen Müdigkeit befallen wird.

Würzen Sie so, wie es Ihnen am besten schmeckt

Bevorzugen Sie kaltgepreßte, naturbelassene Öle

MEIN SCHLUSSWORT

Ich möchte die Einleitung meines Buches damit beenden, Ihnen in wenigen Sätzen etwas von mir und meinen Erfahrungen zu erzählen. 1980 entdeckte ich die Trennkost und probierte sie aus. Schwer übergewichtig und mit verschiedenen Stoffwechselerkrankungen belastet, fand ich durch die Trennkost nach langem Suchen endlich den für mich richtigen Weg zu einem gesunden Leben. Ich war, so erscheint es mir heute, einem wunderbaren Geheimnis auf die Spur gekommen. Zehn Jahre lang vermittelte ich daraufhin Menschen im Main-Taunus-Gebiet alles, was ich über diese harmonische Ernährungsweise wußte und was mir dadurch an Gutem widerfahren war. Aus den Gesprächen mit zahlreichen Fachleuten und den Gruppenteilnehmern stammt mein reicher Erfahrungsschatz, über den ich heute verfüge, und all diesen Menschen gilt mein besonderer Dank dafür, daß ich an ihnen reifen durfte.

Bedanken möchte ich mich auch bei Herrn Dr. Ludwig Walb aus Homberg und seiner Frau Ilse, die mir durch persönliche Gespräche und ihr Erfolgsbuch über die Haysche Trennkost eine sehr große Hilfe waren. Die Haysche Trennkost hat mein Leben verändert. Nicht nur meine Eßgewohnheiten sind andere geworden, sondern auch meine Gesinnung hat sich gewandelt. Meine Gefühle und Empfindungen anderen gegenüber wurden intensiver. Ich wurde empfänglich für Schwingungen und öffnete mich gewissen Inspirationen. Meine Aufgabe als Leiterin von Gruppen Übergewichtiger sehe ich heute als beendet an, da neue Aufgaben auf mich warten. Ich stehe auf der Schwelle zu einem großen Abenteuer: Der Entdeckung der wahren Werte des Lebens.

FRÜHSTÜCKSIDEEN, ZWISCHENMAHLZEITEN UND DESSERTS

In dem nun folgenden Kapitel erwarten Sie Rezepte zum Beispiel für pikante Brote und Müslis, die für Abwechslung auf dem Frühstückstisch sorgen, sowie solche für Joghurt- und Quarkspeisen, Eiscremes, Mixgetränke, Gebackenes und viele andere Kleinigkeiten, die Sie sowohl zwischendurch als auch zum Dessert genießen können. Möchten Sie weitere Vorschläge dazu, wie Sie Ihr Frühstück oder Ihre Zwischenmahlzeiten gestalten können, lesen Sie auch Seite 16 und 18.
Erinnern Sie sich bitte auch an die Empfehlung Dr. Hays, nach der man säurereiches Beeren-, Stein- und Kernobst sowie Zitrusfrüchte morgens beziehungsweise bis 15 Uhr zu sich nehmen soll. Wenn Sie morgens noch kein Obst essen möchten oder es dann noch nicht gut vertragen, essen Sie es zwischendurch oder vor dem Mittagessen. Kombinieren Sie es wenn, dann nur in geringen Mengen mit eiweißreichen Lebensmitteln und niemals mit kohlenhydratreichen. (Sehen Sie dazu auch den Trennungsplan Seite 14.)

Auch bei der Trennkost gilt die alte Weisheit: Frühstücke wie ein Kaiser, iß zu Mittag wie ein König und abends wie ein Bettler.
Was man morgens und vormittags zu sich nimmt, wird vom Körper weitgehend verbraucht. Er ist in dieser Phase besonders aktiv. Alles am Abend beziehungsweise vor der Ruhepause gegessene, kann, wenn man damit Probleme hat, leicht zu unliebsamer Gewichtszunahme führen.

Brote mit Obatztem

Zubereitungszeit:
ca. 10 Min.

Für 4 Personen

3 EL weiche Butter
150 g reifen Camembert
60 % Fett i. Tr.
1 Zwiebel
1 TL Kümmel
Paprikapulver edelsüß
4 Scheiben Vollkornbrot

1. Die Butter mit dem Schneebesen cremig rühren. Den Camembert mit einer Gabel gut zerdrükken und mit der Butter mischen.
2. Die Zwiebel schälen und halbieren. Die eine Hälfte in sehr feine Würfel, die andere in dünne Scheiben schneiden.
3. Die Zwiebelwürfel und den Kümmel unter die Camembertcreme mischen. Den Obatzten auf einem Teller anrichten, mit den Zwiebelscheiben dekorieren und mit Paprikapulver bestäuben. Das Vollkornbrot dazu essen.
(auf dem Foto oben)

ca. 240 kcal • 1015 kJ

Tip
Sie können mit Obatztem bestrichene Brote zusammen mit einem neutralen, frischen Salat auch als kaltes Hauptgericht servieren. Die im Rezept angegebene Menge reicht dann für zwei Portionen.

Quarkbrot mit Möhrenscheiben

Zubereitungszeit:
ca. 10 Min.

Für 1 Person

60 g Quark 20 % Fett i. Tr.
2 EL Mineralwasser
Kräutersalz
1 Scheibe Vollkornbrot
1 TL Butter
1 Möhre
nach Belieben 1 TL gehackte (glattblättrige) Petersilie

1. Den Quark mit dem Mineralwasser glattrühren und mit Kräutersalz würzen. Das Brot mit der Butter bestreichen.
2. Die Möhre schälen und der Länge nach in dünne Scheiben schneiden. Das Butterbrot mit Möhrenscheiben belegen (eine für die Garnitur zurückbehalten) und den Quark darauf verteilen.
3. Die restliche Möhrenscheibe in feine Stifte schneiden und sie auf den Quark streuen. Nach Belieben die Petersilie darauf geben.
(auf dem Foto unten)

ca. 230 kcal • 955 kJ

Radieschenbrot

Zubereitungszeit:
ca. 10 Min.

Für 1 Person

1 Scheibe Vollkornbrot
1 TL Butter
6 Radieschen
80 g körniger Frischkäse
1 EL Schnittlauchröllchen
Paprikapulver edelsüß

1. Das Brot mit der Butter bestreichen. Die Radieschen in dünne Scheiben schneiden und darauf verteilen.
2. Den Frischkäse auf die Radieschenscheiben geben und das Brot mit den Schnittlauchröllchen und Paprikapulver bestreuen.
(auf dem Foto oben)

ca. 150 kcal • 635 kJ

Muntermacher

Zubereitungszeit:
ca. 10 Min.

Für 1 Person

1 Vollkornbrötchen
70 g Quark 20 % Fett i. Tr.
2 EL Mineralwasser
Meersalz
1 EL Butter
8 dünne Scheiben Salatgurke
2 EL Sojabohnensprossen (selbstgezogen, siehe Seite 21, oder gekauft)
Paprikapulver rosenscharf

1. Das Brötchen halbieren und die Hälften toasten.
2. Inzwischen den Quark mit dem Mineralwasser glattrühren und mit Meersalz würzen.
3. Die Brötchenhälften mit der Butter bestreichen und mit den Gurkenscheiben belegen. Den Quark darauf geben und ihn mit den Sojabohnensprossen und Paprikapulver bestreuen.
(auf dem Foto unten)

ca. 280 kcal • 1180 kJ

Brot mit pikantem Frischkäse

Zubereitungszeit:
ca. 10 Min.

Für 1 Person

- 1 Scheibe Vollkornbrot
- 1 TL Butter
- 2 Salatblätter
- 1 Möhre
- 8 Haselnüsse
- 50 g Doppelrahm-frischkäse

1. Das Brot mit der Butter bestreichen und mit den Salatblättern belegen.
2. Die Möhre schälen und in dünne Scheiben hobeln. Die Haselnüsse in feine Blättchen hobeln und mit den Möhren mischen.
3. Beides unter den Frischkäse rühren und ihn auf die Salatblätter geben.
(auf dem Foto: unten)

ca. 380 kcal • 1585 kJ

Haferflocken mit Heidelbeeren

Zubereitungszeit:
ca. 20 Min.

Für 1 Person

- 50 g Haferkörner oder kernige Haferflocken
- 80 g Sahnedickmilch
- 150 g frische oder TK-Heidelbeeren
- 1 EL Frutilose
- Zimt

1. Die Haferkörner mit einem Flocker zu Flocken quetschen. (Wem kein Flocker zur Verfügung steht, der kann kernige Haferflocken nehmen.)
2. Die Haferflocken in eine kleine Schüssel geben und mit der Dickmilch verrühren.
3. Tiefgekühlte Heidelbeeren auftauen lassen. Die Früchte mit der Frutilose und etwas Zimt mischen und auf das Müsli geben.
(auf dem Foto: Mitte links)

ca. 400 kcal • 1665 kJ

Vanille-Quark-Pudding

Zubereitungszeit:
ca. ¼ Std.

Für 4 Personen

- 150 g süße Sahne
- 1 Päckchen Vanillepuddingpulver ohne Farbstoffzusatz
- 1 Msp. Safran
- 6 EL Frutilose
- 1 Vanilleschote
- 250 g Quark 20% Fett i.Tr.

1. Die Sahne mit 350 ml Wasser verdünnen. Das Puddingpulver und den Safran in einer Tasse mischen, die Frutilose dazugeben und alles mit 10 Eßlöffeln der Sahnemischung glattrühren.
2. Das restliche Sahne-Wasser-Gemisch erhitzen. Das Vanillemark dazugeben. Das angerührte Puddingpulver mit dem Schneebesen hineinschlagen. Alles unter Rühren aufkochen lassen.
3. Dann den Quark mit dem Pudding mischen und das Gericht warm servieren.
(auf dem Foto: oben)

ca. 280 kcal • 1180 kJ

Knuspermüsli-mischung

Zubereitungszeit:
ca. ½ Std.
Backzeit: 1–1½ Std.

ca. 26 Portionen à 50 g

- 250 g Haferkörner oder kernige Haferflocken
- 300 g Mandeln
- 125 g ungeschälte Sesamkörner
- 125 g Sonnenblumenkerne
- 250 g Honig
- 1 EL kaltgepreßtes Sonnenblumenöl
- 250 g ungeschwefelte Rosinen

1. Die Haferkörner mit einem Flocker zu Flocken quetschen. (Wem kein Flocker zur Verfügung steht, der kann auch fertige, kernige Haferflocken verwenden.)
2. Die Mandeln grob hacken. Den Sesam in einer Pfanne ohne Fettzugabe rösten und dann abkühlen lassen.

3. Alle vorbereiteten Zutaten zusammen mit den Sonnenblumenkernen und dem Honig zu einer zähen Masse verkneten.
4. Den Backofen auf 160 °C vorheizen. Das Sonnenblumenöl und 100 ml Wasser unter die Masse kneten und sie dann auf der Fettpfanne des Ofens verteilen.

5. Die Müslimischung 1 bis 1½ Stunden backen und zwischendurch immer wieder umrühren. Dabei wird sie krümelig.
6. Das Müsli danach abkühlen lassen. Zuletzt die Rosinen darundermischen und alles in eine Plätzchendose geben. Man kann das Müsli so einige Wochen lang aufbewahren.
(auf dem Foto: Mitte rechts)

1 Portion (ca. 50 g) enthält ca. 195 kcal • 815 kJ

Tip
Sie können das Knuspermüsli mit etwas Dickmilch, mildem Joghurt oder 1 Eßlöffel Sahne und 1 Eßlöffel Wasser gemischt zum Frühstück oder als Zwischenmahlzeit essen.
Für ein sättigenderes Frühstück kann man eine Banane dazugeben oder einen mürben Apfel dazureiben.
Die Knusperkrümel schmecken auch trocken sehr gut und sind dann ideal, wenn man zwischendurch Lust auf etwas Süßes verspürt.
Ißt Ihre ganze Familie gern Müsli, lohnt es sich, die doppelte Menge zuzubereiten.

Buttermilchdrink

Zubereitungszeit:
ca. 10 Min.

Für 2 Personen

1 kleine Banane
1 EL Honig
300 g kalte Buttermilch
2 EL gehackte Haselnüsse
Zimt

1. Die Banane schälen, das Fruchtfleisch mit einer Gabel zerdrücken und mit dem Honig süßen.
2. Das Bananenmus, die Buttermilch und die Nüsse in ein hohes Gefäß geben und alles mit dem Schneidstab pürieren.
3. Den Buttermilchdrink in zwei Gläser gießen und mit etwas Zimt bestäuben. (auf dem Foto oben)

ca. 180 kcal • 755 kJ

Sahneeis mit Heidelbeeren

Zubereitungszeit:
ca. ½ Std.
Gefrierzeit: 2–3 Std.

Für 2 Personen

125 g süße Sahne
3 EL Akazienhonig
2 Eigelb
50 g ungeschwefelte Rosinen
200 g frische oder TK-Heidelbeeren

1. Die Sahne mit ⅛ l Wasser und dem Honig gut verrühren.
2. Die Eigelbe in einer Schüssel cremig rühren, die Sahnemischung dazugeben und alles kräftig verschlagen.
3. Die Schüssel in ein warmes Wasserbad hängen und die Mischung bei mäßiger Hitzezufuhr mit dem Schneebesen so lange schlagen, bis eine dickliche Masse entsteht. Dann die Rosinen hinzufügen.
4. Die Mischung abkühlen lassen oder im kalten Wasserbad so lange schlagen, bis sie kalt ist. Die Schüssel abdecken und sie für 2 bis 3 Stunden ins Gefrierfach stellen. Das Eis zwischendurch immer wieder umrühren.
5. Tiefgekühlte Heidelbeeren auftauen lassen und die Beeren zusammen mit dem Sahneeis servieren. (auf dem Foto unten)

ca. 495 kcal • 2080 kJ

Coppa Banane

Zubereitungszeit:
ca. 1/4 Std.
Gefrierzeit: 2–3 Std.

Für 2 Personen

- 2 reife Bananen
- 100 g flüssige süße Sahne
- 2 EL Frutilose
- 1 Vanilleschote
- 2 EL geschlagene süße Sahne
- 2 TL gehackte Mandeln

1. Die Bananen schälen, das Fruchtfleisch etwas zerkleinern und in ein hohes Gefäß geben.
2. Die flüssige süße Sahne, 150 ml Wasser und die Frutilose dazugeben.
3. Die Vanilleschote aufschlitzen, das Mark herauskratzen und es ebenfalls hinzufügen. Nun alles mit dem Schneidstab pürieren.
4. Das Bananenpüree in eine Schüssel füllen, diese verschließen und für 2 bis 3 Stunden ins Gefrierfach stellen. Das Püree zwischendurch immer wieder sorgfältig umrühren.
5. Das Eis in Dessertgläser geben, je einen Sahnetupfer darauf setzen und gehackte Mandeln darüberstreuen.
(auf dem Foto oben)

ca. 400 kcal • 1670 kJ

Heidelbeermix

Zubereitungszeit:
ca. 5 Min.

Für 2 Personen

- 2 Eiswürfel, zu Splittern zerstoßen
- 300 g Buttermilch
- 100 g frische oder TK-Heidelbeeren
- 2 EL Frutilose

1. Das zerstoßene Eis zusammen mit der Buttermilch und den Heidelbeeren in einem Mixer mixen.
2. Den Drink mit der Frutilose süßen und in zwei hohe Gläser gießen.
(auf dem Foto unten)

ca. 135 kcal • 565 kJ

Apfelkuchen vom Blech

Zubereitungszeit: ca. 1 Std.
Backzeit: ca. 40 Min.

Für 20 Stücke

Für den Teig:
150 g zerlassene Butter
100 g Honig
250 g Quark 20% Fett i. Tr.
1 EL abgeriebene Schale einer unbehandelten Zitrone
1 Eigelb
Meersalz
1 Päckchen Weinsteinbackpulver
350 g feines Dinkel- oder Weizenvollkornmehl
Butter für das Blech

Für den Belag:
7 mürbe Äpfel (800 g küchenfertig)
100 g ungeschwefelte Rosinen

Für den Guß:
100 g Butter
100 g Honig
1½ TL Zimt
200 g süße Sahne

Außerdem:
100 g Mandelblättchen

1. Die flüssige Butter zusammen mit dem Honig und dem Quark zu einer glatten Creme verrühren. Die Zitronenschale, das Eigelb und eine kräftige Prise Meersalz hinzufügen und alles gut mischen.
2. Das Backpulver mit dem Vollkornmehl mischen, alles nach und nach unter die Quarkmasse rühren, so daß ein geschmeidiger Rührteig entsteht.
3. Den Teig auf ein gefettetes Backblech streichen und etwa ¼ Stunde ruhen lassen.
4. Inzwischen den Belag vorbereiten. Dafür die Äpfel schälen, die Kerngehäuse entfernen und das Fruchtfleisch in schmale Spalten schneiden.
5. Die Apfelspalten sich leicht überlappend auf dem Teig verteilen und die Rosinen darüberstreuen.
6. Den Backofen auf 160 °C vorheizen. Für den Guß die Butter erwärmen. Den Honig, den Zimt und die Sahne hinzufügen und alles mit dem Schneebesen zu einer schaumigen Creme aufschlagen.
7. Den Guß über die Äpfel verteilen und die Mandelblättchen darüberstreuen. Das Blech in den Backofen schieben und den Kuchen in etwa 40 Minuten backen.

1 Stück enthält
ca. 295 kcal • 1235 kJ

Quarkstollen

Zubereitungszeit:
ca. ½ Std.
Backzeit: 50–60 Min.

Für 15 Stücke

- 500 g feines Dinkelvollkornmehl
- 125 g kalte Butter
- 2 Päckchen Weinsteinbackpulver
- 1 Prise Meersalz
- abgeriebene Schale von ½ unbehandelten Zitrone
- 1 TL gemahlener Kardamom
- ½ TL gemahlene Muskatblüte
- 1 Eigelb
- 125 g Korinthen
- 125 g ungeschwefelte Rosinen
- 250 g Quark 20% Fett i.Tr.
- 1 Vanilleschote
- 150 g Honig
- 125 g grob gehackte Mandeln
- etwas zerlassene Butter zum Bestreichen
- Butter für das Blech

1. Etwa ein Drittel des Mehls auf eine Arbeitsfläche geben, in die Mitte eine Vertiefung drücken und die in Stückchen geschnittene kalte Butter hineingeben.
2. Das Backpulver, eine Prise Meersalz, die Zitronenschale, den Kardamom, die Muskatblüte und das Eigelb hinzufügen und alles zu einem geschmeidigen Teig verkneten.
3. Den Backofen auf 160 °C vorheizen. Nun die Korinthen und die Rosinen waschen, trockentupfen und mit dem Quark mischen.
4. Die Vanilleschote aufschlitzen, das Mark herauskratzen und unter den Quark rühren. Die Quarkmischung zusammen mit dem Honig und den Mandeln zum Teig geben und alles gut miteinander verkneten. Dabei nach und nach das restliche Mehl dazugeben, so daß ein fester Teig entsteht.
5. Den Teig zu einem Stollen formen, ihn auf ein gefettetes Backblech legen und mit etwas Butter bestreichen. Das Blech in den Ofen schieben und den Stollen in 50 bis 60 Minuten backen. Ein mit Wasser gefülltes feuerfestes Gefäß gleich zu Beginn der Backzeit mit in den Ofen stellen.

1 Stück enthält
ca. 300 kcal • 1250 kJ

Quarktorte mit Streuseln

Zubereitungszeit: ca. 1 ½ Std.
Backzeit: ca. ¾ Std. (im Umluftherd nur 20–25 Min.)

Für 15 Stücke

Für den Teig:
- 25 g frische Hefe
- 250 g feines Dinkel- oder Weizenvollkornmehl
- 30 g zerlassene Butter
- 2 EL Honig
- 1 Msp. Meersalz
- Butter für die Form

Für die Streusel:
- 200 g feines Dinkel- oder Weizenvollkornmehl
- 100 g kalte Butter
- 100 g Honig

Für die Füllung:
- 8 Blatt weiße Gelatine
- 450 g Quark 20 % Fett i.Tr.
- 100 g Frutilose
- 1 TL gemahlene Vanille
- 1 EL abgeriebene Schale einer unbehandelten Zitrone
- 250 g süße Sahne

1. Die Hefe in 130 ml warmem Wasser auflösen und zusammen mit der Hälfte des Vollkornmehls zu einem glatten Vorteig verrühren. Ihn etwa 20 Minuten an einem warmen Ort gehen lassen.
2. Anschließend das restliche Vollkornmehl, die zerlassene, lauwarme Butter, den Honig und das Meersalz hinzufügen und alles zu einem geschmeidigen Teig verkneten.
3. Eine Springform ausfetten, den Teig gleichmäßig auf dem Boden verteilen und ihn abgedeckt nochmals so lange an einem warmen Ort gehen lassen, bis sich sein Volumen etwa verdoppelt hat.
4. Inzwischen den Backofen auf 160 °C vorheizen. Für die Streusel das Vollkornmehl zusammen mit der Butter und dem Honig zu Streuseln verarbeiten. Ein Blech mit Backpapier auslegen und die Streusel darauf verteilen.
5. Das Blech in den Ofen schieben und die Streusel in etwa 20 Minuten backen. Sie anschließend abkühlen lassen. Dann die Springform hineinstellen und den Hefeteig in etwa 25 Minuten backen. (Im Umluftherd kann man beides gleichzeitig backen.) Den Teig ebenfalls auskühlen lassen.
6. Für die Füllung die Gelatine etwa 10 Minuten in kaltem Wasser quellen lassen.
7. Inzwischen den Quark mit einem Schneebesen glattrühren und mit der Frutilose süßen. Die Vanille und die Zitronenschale hineinrühren.
8. Nun die Gelatine in einem Topf im heißen Wasserbad auflösen. Die Sahne steifschlagen und vorsichtig unter den Quark heben. Nach und nach die flüssige Gelatine darunterrühren.
9. Nun die Sahnecreme für kurze Zeit kalt stellen und zwar so lange, bis sie gerade eben zu stocken beginnt. Sie dann auf den ausgekühlten Hefeteigboden streichen.
10. Zum Schluß die Vollkornstreusel auf der Creme verteilen und den Kuchen für mindestens 20 Minuten kalt stellen.
(auf dem Foto: oben)

1 Stück enthält
ca. 300 kcal • 1250 kJ

Tip
Der Kuchen schmeckt nur leicht süß. Nach Belieben kann man, wenn man ihn süßer mag, den Teigboden halbieren und dünn mit Rapshonig bestreichen.

Hofheimer Honigriegel

Zubereitungszeit: ca. 1 Std.
Backzeit: ca. 20 Min.

Für ca. 80 Stück

- 250 g Butter
- 500 g flüssiger Honig
- 6 EL süße Sahne
- 5 EL Rum
- 250 g gemahlene Mandeln
- 2 EL abgeriebene Schale einer unbehandelten Zitrone
- 4 TL Zimt
- 500 g feines Dinkelvollkornmehl
- 250 g Hirsemehl
- 2 EL Butter für das Blech

1. Die Butter mit geringer Hitzezufuhr zerlassen und anschließend mit dem Schneebesen schaumig schlagen.
2. Nach und nach den Honig, die Sahne, den Rum, die Mandeln, die abgeriebene Zitronenschale und den Zimt hinzufügen und alles sorgfältig miteinander verrühren.
3. Das Vollkornmehl mit dem Hirsemehl mischen und zusammen mit der Buttermischung zu einem glatten, geschmeidigen Teig verkneten.
4. Den Teig etwa 10 Minuten quellen lassen. Den Backofen auf 150 °C vorheizen.
5. In der Zwischenzeit ein Backblech mit der Butter ausfetten und den Teig etwa 1 cm dick darauf streichen.
6. Das Blech in den Ofen schieben und den Teig in etwa 20 Minuten backen.
7. Die Teigplatte noch heiß in Riegel (1½ cm breit und 3 bis 4 cm lang) schneiden, sie auskühlen lassen und in eine Plätzchendose legen. Erst nach 3 bis 4 Tagen entfalten die Honigriegel ihr volles Aroma.
(auf dem Foto: unten)

1 Riegel enthält
ca. 95 kcal • 395 kJ

Vollkorn-spekulatius

Zubereitungszeit:
ca. 3/4 Std.
Backzeit: ca. 10 Min.

Für ca. 30 Stück

- 200 g feines Dinkelvollkornmehl, möglichst frisch hergestellt
- 1 Msp. Meersalz
- 1 TL Kardamom
- 1 TL Zimt
- 1 TL Nelkenpulver
- 1 Eigelb
- 125 g kalte Butter
- 100 g gemahlene Mandeln
- 75 g Honig
- 1 EL Butter für das Blech

1. Das Dinkelmehl mit dem Meersalz und den Gewürzen mischen und auf eine Arbeitsfläche geben.
2. In die Mitte eine Vertiefung drücken und das Eigelb, die in Stückchen geschnittene Butter, die Mandeln und den Honig hineingeben. Alles rasch zu einem geschmeidigen Teig verkneten.
3. Den Teig auf einer bemehlten Fläche etwa 1/2 cm dick ausrollen und daraus mit Ausstechförmchen Plätzchen ausstechen. Den Backofen auf 175 °C vorheizen.
4. Die Plätzchen auf ein gefettetes Backblech legen und im Ofen in etwa 10 Minuten backen.
(auf dem Foto: unten)

1 Plätzchen enthält
ca. 85 kcal • 355 kJ

Tip
Der Teig läßt sich besser ausrollen, wenn man zwischen den Teig und das Nudelholz Klarsichtfolie legt.

Haferflockentaler

Zubereitungszeit:
ca. 35 Min.
Backzeit: ca. 10 Min.

Für ca. 30 Stück

- 150 g Haferkörner oder kernige Haferflocken
- 100 g feines Dinkelvollkornmehl
- 1 TL Weinsteinbackpulver
- 125 g kalte Butter
- 125 g Honig
- 1 EL abgeriebene Schale einer unbehandelten Zitrone
- 50 g gemahlene Mandeln
- 50 g Sesamkörner
- 1 EL Butter für das Blech

1. Die Haferkörner mit einem Flocker zu Flocken quetschen. (Wem kein Flocker zur Verfügung steht, der kann kernige Haferflocken nehmen.)
2. Die Haferflocken, das Dinkelmehl und das Backpulver mischen und auf eine Arbeitsfläche geben.
3. In die Mitte eine Vertiefung drücken und die in Stücke geschnittene Butter, den Honig, die Zitronenschale, die Mandeln und den Sesam hineingeben. Alles rasch zu einem geschmeidigen Teig verkneten.
4. Den Backofen auf 160 °C vorheizen. Den Teig zu einer Rolle (ca. 4 cm ⌀) formen und sie in etwa 1 cm dicke Scheiben schneiden.
5. Die Haferflockentaler mit gutem Abstand auf ein gefettetes Backblech legen, da sie beim Backen etwas auseinanderlaufen. Die Taler in etwa 10 Minuten backen.
(auf dem Foto: oben)

1 Taler enthält
ca. 95 kcal • 400 kJ

Mandelgebäck

Zubereitungszeit:
ca. 3/4 Std.
Kühlzeit: ca. 1 Std.
Backzeit: ca. 10 Min.

Für ca. 30 Stück

- 200 g feines Dinkelvollkornmehl
- 1 TL Weinsteinbackpulver
- 1 Vanilleschote
- 1 EL süße Sahne
- 80 g Butter
- 100 g gemahlene Mandeln
- 75 g Honig
- 1 EL Butter für das Blech
- 3 EL süße Sahne zum Bestreichen
- ca. 30 Mandelhälften

1. Das Dinkelmehl mit dem Backpulver mischen und auf eine Arbeitsfläche geben. In die Mitte eine Vertiefung drücken.
2. Die Vanilleschote aufschlitzen und das Mark herauskratzen. Es zusammen mit 3 Eßlöffeln Wasser, der Sahne, der Butter, den gemahlenen Mandeln und dem Honig in die Mehlmulde geben und alles zu einem geschmeidigen Teig verkneten.
3. Den Teig zu einer Rolle formen (ca. 4 cm ⌀), sie in Folie wickeln und für etwa 1 Stunde kalt stellen.
4. Den Backofen auf 175 °C vorheizen. Die Rolle anschließend in etwa 1 cm dicke Scheiben schneiden und sie auf ein gefettetes Backblech legen.
5. Die Plätzchen mit etwas süßer Sahne bestreichen und auf jedes eine halbe Mandel legen. Das Gebäck in 10 bis 12 Minuten backen.
(auf dem Foto: Mitte)

1 Plätzchen enthält
ca. 79 kcal • 330 kJ

Vierkornkekse

Zubereitungszeit:
ca. 3/4 Std.
Backzeit: 8–10 Min.

Für ca. 40 Stück

Für den Teig:
- je 100 g feines Dinkel-, Weizen- und Hafervollkornmehl
- 75 g feines Hirsemehl
- 200 g kalte Butter
- 1 Prise Meersalz
- abgeriebene Schale von 1/2 unbehandelten Zitrone
- 1 Eigelb
- 150 g Honig

Außerdem:
- Fett für das Blech
- ca. 20 Mandeln

1. Die Mehlsorten mischen und auf eine Arbeitsfläche geben. In die Mitte des Mehls eine Vertiefung drücken und die in Stücke geschnittene, kalte Butter hineingeben.
2. Das Salz, die Zitronenschale, das Eigelb und den Honig hinzufügen und alles zu einem weichen, geschmeidigen Mürbeteig verkneten.
3. Den Backofen auf 160 °C vorheizen. Die Mandeln halbieren. Den Teig zwischen zwei Lagen Klarsichtfolie etwa 1/2 cm dick ausrollen und die Teigplatte anschließend mit einem scharfen Messer in etwa 40 kleine Quatrate schneiden.
4. Die Kekse auf ein gefettetes Blech legen und jeden mit einer halben Mandel belegen. Die Kekse in 8 bis 10 Minuten backen.
(auf dem Foto: unten)

1 Keks enthält
ca. 84 kcal • 350 kJ

Sesamstangen

Zubereitungszeit:
ca. 3/4 Std.
Kühlzeit: ca. 1 Std.
Backzeit: ca. 18 Min.

Für ca. 30 Stück

Für den Teig:
- 240 g feines Dinkelvollkornmehl
- 1 Päckchen Weinsteinbackpulver
- 1 TL Kräutersalz
- 3 EL kaltgepreßtes Sonnenblumenöl
- 200 g Buttermilch

Außerdem:
- 4 EL Sesamsamen
- Fett für das Blech

1. Das Dinkelmehl mit dem Backpulver und dem Kräutersalz in einer Schüssel mischen.
2. Das Sonnenblumenöl und die Buttermilch hinzufügen und alles zu einem glatten, geschmeidigen Teig verkneten.
3. Den Teig in 30 gleich große Stücke teilen und sie auf einer bemehlten Arbeitsfläche nacheinander zu etwa 10 cm langen Stangen rollen. Diese in Sesam wenden und die Körner leicht andrücken.
4. Die Stangen abgedeckt im Kühlschrank etwa 1 Stunde ruhen lassen. Den Backofen auf 180 °C vorheizen. Die Stangen auf ein gefettetes Backblech legen und in etwa 18 Minuten backen.
(auf dem Foto: Mitte)

1 Stange enthält
ca. 45 kcal • 190 kJ

Pikantes Käsegebäck

Zubereitungszeit:
ca. 3/4 Std.
Kühlzeit: ca. 1 Std.
Backzeit: ca. 18 Min.

Für ca. 35 Stück

Für den Teig:
- 120 g feines Dinkelvollkornmehl
- 70 g geriebener Käse mit mindestens 60 % Fett i.Tr. (Butterkäse oder Rahmgouda)
- 50 g Butter
- 50 g süße Sahne

Außerdem:
- 1 Eigelb
- Kümmel, Sesam oder Mohn

1. Das Dinkelmehl zusammen mit dem Käse, der Butter und der Sahne zu einem geschmeidigen Teig verkneten.
2. Den Teig auf einer bemehlten Arbeitsfläche zu einer Rolle (ca. 3 cm ⌀) formen und sie gut abgedeckt im Kühlschrank etwa 1 Stunde lang ruhen lassen.
3. Die Rolle danach in etwa 35 gleich dicke Scheiben schneiden und diese auf ein gefettetes Backblech legen. Den Backofen auf 180 °C vorheizen.
4. Das Eigelb mit 1 Eßlöffel Wasser verquirlen und die Taler damit bestreichen. Sie nach Belieben mit Kümmel, Sesam oder Mohn bestreuen und in etwa 18 Minuten backen. (auf dem Foto: oben)

1 Plätzchen enthält
ca. 40 kcal • 165 kJ

Ananasjoghurt

Zubereitungszeit:
ca. 20 Min.

Für 1 Person

¼ frische Ananas
150 g Joghurt 3,5 % Fett
1 EL Frutilose
3 Blättchen Zitronenmelisse

1. Die Ananas schälen, mit einem spitzen Messer braune Schalenteile entfernen und das Fruchtfleisch in kleine Stücke schneiden. Den Saft dabei auffangen.
2. Den Joghurt mit einem Schneebesen cremig rühren, mit der Frutilose süßen und die Ananasstückchen und den Saft hinzufügen. Die Joghurtcreme mit den Melisseblättchen garnieren und sofort essen.
(auf dem Foto: Mitte links)

ca. 205 kcal • 860 kJ

Erdbeerquark

Zubereitungszeit:
ca. ¼ Std.

Für 2 Personen

250 g geputzte Erdbeeren
3 EL Frutilose
250 g Quark 20 % Fett i.Tr.
2 TL Sesamsamen

1. Einige schöne Erdbeeren für die Garnitur beiseite legen. Die restlichen Erdbeeren mit einer Gabel zu feinem Mus zerdrücken.
2. Das Fruchtmus mit der Frutilose süßen und mit dem Quark mischen.
3. Den Erdbeerquark in zwei Dessertschälchen füllen, mit dem Sesam bestreuen und mit den zurückbehaltenen Erdbeeren garnieren.
(auf dem Foto: Mitte rechts)

ca. 250 kcal • 1045 kJ

Grapefruit mit Frischkäse

Zubereitungszeit:
ca. 10 Min.

Für 2 Personen

1 rosa Grapefruit
1 EL Frutilose
150 g körniger Frischkäse
4 Minzeblättchen

1. Die Grapefruit halbieren. Mit einem scharfen Messer an den Zwischenhäuten einschneiden und das Fruchtfleisch herauslösen. Größere Stücke kleinschneiden.

2. Den Saft auffangen, in der Schale verbliebenes Fruchtfleisch auspressen und den Saft mit der Frutilose mischen.
3. Den Frischkäse mit dem gesüßten Saft verrühren und die Grapefruitstücke darunterziehen.

4. Fruchtreste aus den Grapefruithälften entfernen, sie mit der Frischkäsemischung füllen und mit den Minzeblättchen dekorieren.
(auf dem Foto: unten)

ca. 150 kcal • 640 kJ

Gefüllte Grapefruit

Zubereitungszeit:
ca. 10 Min.

Für 2 Personen

1 rosa Grapefruit
150 g körniger Frischkäse
40 g roher Rinderschinken
2 kleine Dillzweige

1. Die Grapefruit halbieren. Mit einem scharfen Messer an den Zwischenhäuten einschneiden und das Fruchtfleisch herauslösen. Größere Stücke kleinschneiden. Fruchtreste aus den Grapefruithälften entfernen.
2. Die Grapefruitstückchen mit dem Frischkäse mischen und die Grapefruithälften damit füllen.
3. Den Schinken in schmale Streifen schneiden, auf die Grapefruithälften legen und sie mit Dill garnieren.
(auf dem Foto: oben rechts)

ca. 160 kcal • 680 kJ

Erdbeerkefir

Zubereitungszeit:
ca. 10 Min.

Für 1 Person

100 g geputzte Erdbeeren
1 EL Frutilose
250 g kalter Kefir

1. Die Erdbeeren mit dem Schneidstab pürieren und das Püree mit der Frutilose süßen.
2. Den Kefir nach und nach hinzufügen und daruntermixen.
(auf dem Foto: oben links)

ca. 225 kcal • 940 kJ

Variationen
Dieser fruchtige Kefir kann je nach Jahreszeit mit anderen Früchten, zum Beispiel mit Orangen, Heidelbeeren, Mango, Johannisbeeren, Brombeeren, zubereitet werden.

Vitamin-C-Bombe

Zubereitungszeit:
ca. 20 Min.

Für 2 Personen

- 2 Blutorangen
- 2 Kiwis
- 125 g Quark 20 % Fett i.Tr.
- 2 EL Frutilose
- 2 EL gehackte Mandeln

1. Die Schale der Orangen abschneiden und auch die weißen Häute entfernen.

2. Nun an den Zwischenhäuten einschneiden, die Filets herauslösen und kleinschneiden.
3. Die verbleibenden Fruchtreste mit der Hand auspressen und den Saft auffangen.
4. Die Kiwis schälen, in Scheiben schneiden und mit den Orangenfilets mischen.
5. Den aufgefangenen Orangensaft mit dem Quark verrühren und die Creme mit Frutilose süßen.
6. Die Quarkcreme als dicken Klecks auf das Obst geben und mit den Mandeln bestreuen.
(auf dem Foto: Mitte)

ca. 250 kcal • 1050 kJ

Tip
Geben Sie die Quarkcreme erst kurz vor dem Servieren auf die Früchte, denn der Quark wird schnell bitter, wenn er mit frischen Kiwis gemischt wird.

Ananasdessert

Zubereitungszeit:
ca. 10 Min.

Für 1 Person

- 2 EL Kokosraspel
- 2 Scheiben frische Ananas, ohne Schale
- 2 EL geschlagene süße Sahne

1. Die Kokosraspel in einer beschichteten Pfanne ohne Fettzugabe leicht rösten.
2. Die Ananasscheiben in den Kokosraspeln wenden und auf einen Teller legen. Die Schlagsahne dazugeben.
(auf dem Foto: unten)

ca. 215 kcal • 910 kJ

Melonencocktail

Marinierzeit: ca. 2 Std.
Zubereitungszeit (ohne Kühlzeit): ca. 25 Min.

Für 4 Personen

- 2 EL ungeschwefelte Rosinen
- 1 Schuß Doppelkorn
- 1 reife Netzmelone
- 1 große Orange
- 250 g geputzte Früchte der Saison (Erdbeeren, Himbeeren, Nektarinen)
- Saft von ½ Zitrone
- 1 EL Frutilose
- 1 Zweig Minze

1. Die Rosinen mit Doppelkorn beträufeln und etwa 2 Stunden durchziehen lassen.
2. Die Melone halbieren und die Kerne entfernen. Mit einem Kugelausstecher aus dem Fruchtfleisch kleine Kugeln herauslösen.
3. Die Orange filetieren (siehe Beschreibung ganz links). Die verbleibenden Fruchtreste mit der Hand auspressen und den Saft auffangen.
4. Die Orangenfilets mit den Melonenkugeln mischen. Die Früchte der Saison nach Bedarf zerkleinern und dazugeben.
5. Den Zitronensaft mit dem aufgefangenen Orangensaft mischen und mit der Frutilose süßen. Die eingelegten Rosinen hinzufügen und den Obstsaft mit den vorbereiteten Früchten mischen.
6. Den Cocktail in die Melonenhälften füllen, mit den Minzeblättchen dekorieren und vor dem Servieren einige Zeit kalt stellen.
(auf dem Foto: oben rechts)

ca. 105 kcal • 435 kJ

Fruchtige Buttermilchspeise

Zubereitungszeit: ca. 25 Min.

Für 2 Personen

- 8 Blatt weiße Gelatine
- 300 g geputzte Erdbeeren
- 300 g Buttermilch
- 5 EL Frutilose
- 6 Erdbeeren zum Garnieren

1. Die Gelatine für etwa 10 Minuten in kaltem Wasser quellen lassen.
2. Inzwischen die Erdbeeren mit dem Schneidstab pürieren. Das Erdbeerpüree dann mit der Buttermilch und der Frutilose verrühren.
3. Nun die Gelatine ausdrücken und in einem Topf bei geringer Hitzezufuhr auflösen. Sie dann in einem dünnen Strahl in die Buttermilchmischung gießen und gut darunterrühren. Das Dessert in Gläser füllen und im Kühlschrank erstarren lassen. Es dann mit den frischen Erdbeeren garnieren.
(auf dem Foto: oben links)

ca. 235 kcal • 985 kJ

Danziger Kirschsuppe

Zubereitungszeit (ohne Kühlzeit): ca. 25 Min.

Für 2 Personen

500 g frische Sauerkirschen
1 Stange Zimt
3 Gewürznelken
nach Belieben
3–4 Meßlöffel pflanzliches Bindemittel (aus dem Reformhaus)
4 EL Frutilose

1. Die Sauerkirschen entsteinen und in einen Topf geben. ¼ l Wasser, die Zimtstange und die Nelken hinzufügen.
2. Alles aufkochen und im offenen Topf 3 bis 4 Minuten kochen lassen. Die Suppe nach Belieben binden. Dafür den Topf vom Herd nehmen, das Bindemittel in die Suppe rühren und alles nochmals aufkochen lassen.
3. Die Kirschsuppe mit der Frutilose süßen. Sie dann abkühlen lassen und kalt stellen.
(auf dem Foto: links)

ca. 205 kcal • 860 kJ

Himbeersorbet

Zubereitungszeit: ca. 20 Min.
Gefrierzeit: 2–3 Std.

Für 2 Personen

200 g frische oder TK-Himbeeren
175 g Sahnedickmilch
3 EL Frutilose
1 EL Zitronensaft
einige Himbeeren zum Garnieren

1. Die Himbeeren mit dem Schneidstab pürieren (gefrorene vorher antauen lassen). Das Püree nach Belieben durch ein Sieb streichen und so die Kernchen entfernen.
2. Die Sahnedickmilch mit der Frutilose und dem Zitronensaft verrühren und alles mit dem Himbeerpüree mischen.
3. Die Masse in eine gut verschließbare Schüssel füllen und sie für 2 bis 3 Stunden ins Gefrierfach stellen. Das Sorbet zwischendurch immer wieder umrühren. Es dann in Dessertgläser geben und mit Himbeeren garnieren.
(auf dem Foto: Mitte)

ca. 150 kcal • 620 kJ

Beerengrütze

Zubereitungszeit (ohne Kühlzeit): ca. 20 Min.

Für 1 Person

200 g frische, geputzte Beeren der Saison oder Tiefkühlware
2 EL Frutilose
1 EL Zitronensaft
5–6 Meßlöffel pflanzliches Bindemittel (aus dem Reformhaus)
2 EL geschlagene süße Sahne

1. Tiefgekühlte Beeren auftauen lassen. Die Früchte mit 150 ml Wasser mischen, dann alles in ein Sieb geben und das gefärbte Wasser auffangen. Das Wasser mit der Frutilose süßen und den Zitronensaft dazugeben. Alles aufkochen lassen.
2. Die Früchte hinzufügen, das Bindemittel hineinrühren und alles kurz aufwallen lassen, so daß es bindet. Die Grütze abkühlen lassen und mit Sahnetupfen garnieren.
(auf dem Foto: rechts)

ca. 225 kcal • 935 kJ

VORSPEISENSALATE UND -SUPPEN

Viele Rezeptideen zu knackig-frischen Salaten und köstlichen Suppen sollen Abwechslung in Ihren Küchenalltag bringen. Die Farben der Rezeptüberschriften helfen Ihnen, wie auch in allen anderen Kapiteln dieses Buches, richtig zu kombinieren: Rot mit Rot, Blau mit Blau und Grau mit beiden.
Eine der wichtigsten Empfehlungen in der Trennkost lautet: Essen Sie viel frisches Gemüse. Wenn Sie zum Beispiel vor dem Mittagessen einen großen Salat zu sich nehmen, tun Sie schon einen wichtigen Schritt in die richtige Richtung. Besonders in rohem Gemüse und in Salaten stecken viele Vitamine, Mineral- und Ballaststoffe, aber nur wenige Kalorien. Es kommt hinzu, daß ein vor dem Hauptgericht gegessener Salat sättigt und es dann all denjenigen, die auf ihre Linie achten müssen, leichter fällt, bei nachfolgenden Speisen maßzuhalten.

Bunter Sprossensalat

Zubereitungszeit:
ca. 25 Min.

Für 2 Personen

1 Chinakohl
(250 g küchenfertig)
150 g frische Champignons
150 g Sojabohnensprossen (selbstgezogen, siehe Seite 21, oder gekauft)
3 Tomaten

Für die Sauce:
2 TL vergorenes Molkekonzentrat (Molkosan)
6 EL saure Sahne
1 TL Kräutersalz
3 EL gemischte, gehackte Kräuter (Basilikum, Petersilie, Sauerampfer)
1 EL kaltgepreßtes Sonnenblumenöl

Außerdem:
5 Walnußkerne

1. Den Chinakohl in Streifen und die Champignons in Scheiben schneiden.
2. Die Sojabohnensprossen sorgfältig waschen und abtropfen lassen.
3. Die Stielansätze der Tomaten entfernen und sie achteln. Das vorbereitete Gemüse mischen.
4. Nun das Molkekonzentrat mit der sauren Sahne, 5 Eßlöffeln Wasser und dem Kräutersalz verrühren. Die Kräuter und das Öl daruntermischen und die Sauce über den Salat gießen. Die Walnüsse gehackt oder im Ganzen darüberstreuen.
(auf dem Foto: oben rechts)

ca. 215 kcal • 900 kJ

Sommersalat mit Sprossen

Zubereitungszeit:
ca. 25 Min.

Für 2 Personen

½ Salatgurke
1 kleine Zwiebel
3 Tomaten
150 g Mungo- oder Sojabohnensprossen (selbstgezogen, siehe Seite 21, oder gekauft)
6 EL TK-Maiskörner

Für die Sauce:
150 g Sahnedickmilch
2 TL vergorenes Molkekonzentrat (Molkosan)
1 TL Currypulver
1 TL Kräutersalz

Außerdem:
3 kleine Dillzweige

1. Die Gurke schälen, längs vierteln und in Stücke schneiden.
2. Die Zwiebel schälen und in Ringe schneiden.
3. Die Stielansätze der Tomaten entfernen und das Fruchtfleisch würfeln.
4. Die Mungo- oder Sojabohnensprossen gut waschen, abtropfen lassen und zusammen mit den aufgetauten Maiskörnern zu der Gurke geben.
5. Die Zwiebelringe und die Tomatenstückchen daruntermischen.
6. Nun die Sahnedickmilch glattrühren und mit 3 Eßlöffeln Wasser verdünnen.
7. Das Molkekonzentrat, den Curry und das Kräutersalz hineinrühren, die Sauce über die Salatzutaten gießen und alles mit Dill garnieren.
(auf dem Foto: oben links)

ca. 210 kcal • 865 kJ

Italienischer Salat

Zubereitungszeit:
ca. ½ Std.

Für 2 Personen

1 kleiner Eisbergsalat
3 Tomaten
1 Zwiebel
1 Salatgurke

Für die Sauce:
1½ EL vergorenes Molkekonzentrat (Molkosan)
1 EL kaltgepreßtes Olivenöl
1½ TL Kräutersalz
10 in Öl mit Knoblauch eingelegte Oliven

Außerdem:
4 EL gehackte Kräuter (Dill, Basilikum, Petersilie)

1. Den Eisbergsalat putzen und die Blätter in Stücke zupfen.
2. Die Stielansätze der Tomaten entfernen und das Fruchtfleisch in kleine Würfel schneiden.
3. Die Zwiebel schälen, in dünne Ringe schneiden und diese kurz mit kochendem Wasser überbrühen.
4. Die Gurke schälen, längs vierteln, entkernen und in etwa 1 cm dicke Stücke schneiden. Alle vorbereiteten Zutaten mischen.
5. Für die Sauce das Molkekonzentrat mit 200 ml Wasser verdünnen. Dann zuerst das Kräutersalz und anschließend das Olivenöl hineinrühren.
6. Die Oliven zu den Salatzutaten geben, die Sauce darunterheben und den Salat mit den Kräutern bestreuen.
(auf dem Foto: unten)

ca. 145 kcal • 615 kJ

Salat Waldecker Art

Zubereitungszeit:
ca. 40 Min.

Für 4 Personen

800 g gemischtes, geputztes Gemüse, bestehend aus 16 Gemüsesorten: Karotten, Gurke, Tomaten, Champignons, Blumenkohl, Radieschen, Paprika, Fenchel, Zwiebel, Eisbergsalat, Radicchio, Zucchini, Sojabohnensprossen, Weißkohl, Kohlrabi und Rettich

Für die Sauce:
175 g Sahnedickmilch
$1\frac{1}{2}$ EL vergorenes Molkekonzentrat (Molkosan)
2 TL Kräutersalz
1 EL Frutilose
1 EL kaltgepreßtes Sonnenblumenöl
nach Belieben
1 Knoblauchzehe
3 EL gehackte Kräuter (Basilikum, Petersilie)

1. Das Gemüse fein zerkleinern und in einer Schüssel mischen.
2. Die Sahnedickmilch mit dem Molkekonzentrat, dem Kräutersalz und der Frutilose gut verrühren. Die Sauce mit etwa 100 ml Wasser verdünnen und das Öl darunterschlagen. Nach Belieben die Knoblauchzehe durch eine Presse dazudrücken.
3. Die Kräuter zur Sauce geben und alles mit den Salatzutaten mischen.
(auf dem Foto: oben)

ca. 105 kcal • 440 kJ

Rote-Bete-Salat

Zubereitungszeit:
ca. $\frac{3}{4}$ Std.

Für 2 Personen

2 rote Beten
(600 g küchenfertig)

Für die Sauce:
1 EL vergorenes Molkekonzentrat (Molkosan)
3 EL saure Sahne
1 TL Kräutersalz
1 TL Kümmel
1 EL kaltgepreßtes Sonnenblumenöl
1 kleine Zwiebel

Außerdem:
2 El gehackte Petersilie

1. Die Blattansätze der roten Beten abschneiden und die ganzen Knollen in wenig Wasser in 20 bis 25 Minuten garen (große Knollen benötigen bis zu $\frac{3}{4}$ Stunden).
2. Die roten Beten etwas abkühlen lassen und dann die Haut abziehen. Die Knollen in kleine Würfel schneiden.
3. Für die Sauce das Molkekonzentrat mit 6 Eßlöffeln Wasser und der sauren Sahne gut verquirlen. Das Kräutersalz und den Kümmel in die Sauce rühren und das Öl darunterschlagen.
4. Die Zwiebel schälen, sehr fein würfeln und zu der Sauce geben. Die Rote-Bete-Würfel mit der Sauce mischen und die Petersilie darüberstreuen.
(auf dem Foto: Mitte)

ca. 210 kcal • 885 kJ

Rohkost mit Nüssen

Zubereitungszeit:
ca. 25 Min.

Für 1–2 Personen

1 Bund Radieschen
1 kleiner Kopf Lollo rosso
125 g Sojabohnensprossen (selbstgezogen, siehe Seite 21, oder gekauft)

Für die Sauce:
1 kleine Zwiebel
2 TL vergorenes Molkekonzentrat (Molkosan)
1 TL Kräutersalz
1 EL kaltgepreßtes Sonnenblumenöl

Außerdem:
2 EL gehackte Mandeln

1. Die Radieschen putzen und in sehr feine Stifte schneiden.
2. Den Lollo rosso putzen und die Blätter in mundgerechte Stücke zupfen.
3. Die Sojabohnensprossen waschen, verlesen und gut abtropfen lassen. Alle vorbereiteten Zutaten mischen.
4. Nun die Zwiebel schälen und sehr fein würfeln.
5. Das Molkekonzentrat mit etwa 100 ml Wasser mischen und mit dem Kräutersalz würzen. Das Öl darunterschlagen, die Zwiebelwürfel hinzufügen und die Sauce über die Salatzutaten gießen. Den Salat mit den Mandeln bestreuen.
(auf dem Foto: unten)

ca. 75 kcal • 325 kJ

Mexikanischer Bohnensalat

Zubereitungszeit:
ca. 3/4 Std.
Zeit zum Durchziehen:
ca. 1/2 Std.

Für 2 Personen

350 g geputzte grüne Bohnen, Meersalz
1 Zweig Bohnenkraut
3 Tomaten
100 g Champignons
2 kleine Schalotten
100 g TK-Maiskörner

Für die Sauce:
2 TL vergorenes Molkekonzentrat (Molkosan)
1 EL kaltgepreßtes Sonnenblumenöl
50 g süße Sahne
Kräutersalz
3 EL Schnittlauchröllchen

1. Die Bohnen in etwa 4 cm lange Stücke schneiden. Diese in leicht gesalzenem Wasser zusammen mit dem Bohnenkraut in etwa 18 Minuten garen.
2. Inzwischen die Stielansätze der Tomaten entfernen. Das Fruchtfleisch in Stücke schneiden.
3. Die Champignons mit einem feuchten Tuch abreiben und in dünne Scheiben schneiden. Nun die Schalotten schälen und fein würfeln.
4. Alle Saucenzutaten mit 100 ml Wasser miteinander verrühren.
5. Nun die Bohnen abgießen und abtropfen lassen. Alle vorbereiteten Zutaten, auch den Mais, vorsichtig mischen und die Salatsauce darunterziehen. Den Salat etwa 1/2 Stunde lang durchziehen lassen.
(auf dem Foto: oben)

ca. 270 kcal • 1130 kJ

Bayrisches Kümmelkraut

Zubereitungszeit:
ca. 20 Min.
Zeit zum Durchziehen:
ca. 1 Std.

Für 2 Personen

1 kleiner Weißkohl (ca. 400 g)
1 TL Meersalz
1 Zwiebel
1 EL kaltgepreßtes Sonnenblumenöl
1 TL Paprikapulver rosenscharf
1 EL vergorenes Molkekonzentrat (Molkosan)
1 TL gehackte Kümmelkörner

1. Vom Kohl die harten Außenblätter entfernen, den Kopf halbieren und den Strunk keilförmig herausschneiden.
2. Den Kohl mit einem langen scharfen Messer oder mit einem Hobel in feine Streifen schneiden. Das Salz hinzufügen, das Kraut mit den Fingern sorgfältig kneten oder mit einem Stampfer bearbeiten.
3. Die Zwiebel fein würfeln und zusammen mit dem Öl und dem Paprikapulver unter das Kraut mischen.
4. 1/8 l Wasser mit dem Molkekonzentrat und dem Kümmel aufkochen lassen und noch heiß über den Salat gießen. Ihn für etwa 1 Stunde durchziehen lassen.
(auf dem Foto: Mitte)

ca. 215 kcal • 900 kJ

Blumenkohlrohkost

Zubereitungszeit:
ca. 20 Min.

Für 2 Personen

400 g geputzter Blumenkohl
2 grüne Paprikaschoten
4 feste Tomaten
1 Zwiebel

Für die Sauce:
2 TL vergorenes Molkekonzentrat (Molkosan)
1 EL kaltgepreßtes Sonnenblumenöl
1 EL Frutilose
3 EL Sahnedickmilch
1 Knoblauchzehe
1 TL Paprikapulver edelsüß
Kräutersalz
2 EL Schnittlauchröllchen

1. Den Blumenkohl auf einem Gemüsehobel grob raspeln. Die Kerngehäuse der Paprikaschoten sowie die Stielansätze der Tomaten entfernen und alles in feine Streifen schneiden.
2. Die Zwiebel fein würfeln und mit dem vorbereiteten Gemüse mischen.
3. Das Molkekonzentrat mit dem Öl, der Frutilose und der Sahnedickmilch verrühren. Die Knoblauchzehe durch eine Presse dazudrücken und die Salatsauce mit Paprikapulver und Salz gut abschmecken.
4. Die Sauce unter das Gemüse ziehen und die Rohkost mit etwas Paprikapulver und den Schnittlauchröllchen bestreuen.
(auf dem Foto: unten)

ca. 215 kcal • 885 kJ

Fenchelsalat mit Früchten

Zubereitungszeit: ca. 25 Min.

Für 2 Personen

2 Fenchelknollen
2 Stauden Chicorée
1 großer saurer Apfel
1 EL Zitronensaft
1 rosa Grapefruit

Für die Sauce:
1 Grapefruit
100 g süße Sahne
1 EL Frutilose
1 Msp. Cayennepfeffer
1 TL Meersalz

Außerdem:
1 EL Mandelblättchen

1. Den Fenchel putzen, das Fenchelgrün abschneiden und den Fenchel längs in dünne Streifen schneiden. Das Fenchelgrün sehr fein hacken und beiseite stellen.
2. Den Chicorée der Länge nach halbieren und die bitteren Strünke herausschneiden. Den Chicorée in etwa 1 cm breite Streifen schneiden und mit den Fenchelstreifen mischen.
3. Den Apfel halbieren, das Kerngehäuse entfernen und den Apfel in dünne Spalten schneiden. Sie mit dem Zitronensaft beträufeln.
4. Die Schale der rosa Grapefruit abschneiden und auch die weiße Haut entfernen. Nun jeweils an den Zwischenhäuten einschneiden und die Filets herauslösen. Die Fruchtreste auspressen und den Saft auffangen (siehe auch Seite 40).
5. Nun für die Sauce die zweite Grapefruit auspressen, den Saft mit dem der rosa Grapefruit mischen und die Sahne darunterrühren.
6. Die Sauce mit der Frutilose süßen und mit Cayennepfeffer und Meersalz abschmecken. Die Sauce mit den vorbereiteten Zutaten mischen und das Fenchelgrün sowie die Mandelblättchen darüberstreuen.

ca. 440 kcal • 1855 kJ

Fruchtiger Rohkostteller

Zubereitungszeit:
ca. 20 Min.

Für 2 Personen

1 reife Birne
½ Honigmelone
1 kleiner Zucchino
½ Kopf Eisbergsalat
10 Mandeln

Für die Sauce:
1 EL Zitronensaft
½ TL Meersalz
1 TL Frutilose
1 EL kaltgepreßtes Sonnenblumenöl

Außerdem:
2 EL feingehackter Dill

1. Die Birne vierteln und das Kerngehäuse entfernen. Das Fruchtfleisch in kleine Stücke schneiden.
2. Die Melone entkernen und in Spalten schneiden. Dann das Fruchtfleisch von der Schale abschneiden und würfeln.
3. Den Stielansatz des Zucchinos entfernen und das Fruchtfleisch fein würfeln.
4. Den Eisbergsalat putzen und die Blätter in mundgerechte Stückchen zupfen.
5. Die Mandeln grob hakken. Alle vorbereiteten Zutaten mischen.
6. Den Zitronensaft mit 5 Eßlöffeln Wasser, dem Meersalz und der Frutilose verrühren und das Öl darunterschlagen. Die Sauce unter die Rohkost heben und den Dill darüberstreuen.

ca. 310 kcal • 1310 kJ

Fenchel-Sellerie-Frischkost

Zubereitungszeit:
ca. 3/4 Std.
Zeit zum Durchziehen:
ca. 1/2 Std.

Für 2 Personen

- 1 Fenchelknolle
- 1/2 Knolle Sellerie
- 2 säuerliche Äpfel
- 1 EL Zitronensaft
- 1 Orange

Für die Sauce:

- 1 Orange
- 1 Msp. Cayennepfeffer
- 1 EL Frutilose
- 1 TL Kräutersalz
- 3 EL saure Sahne
- 2 EL ungeschwefelte Rosinen
- 1 EL gehackte Mandeln

1. Die Fenchelknolle halbieren, den Strunk herausschneiden und den Fenchel in feine Streifen schneiden.
2. Die halbe Sellerieknolle schälen und auf einer Rohkostreibe fein raspeln.
3. Nun die Äpfel vierteln, die Kerngehäuse entfernen und die Früchte in dünne Spalten schneiden. Alle vorbereiteten Zutaten mischen und mit dem Zitronensaft beträufeln, damit sie nicht braun werden.
4. Die Schale der Orange abschneiden und auch die weiße Haut entfernen. An den Zwischenhäuten einschneiden und die Filets herauslösen (siehe auch Seite 42). Die Filets zu den Salatzutaten geben.
5. Für die Salatsauce die zweite Orange auspressen und den Saft mit dem Cayennepfeffer, der Frutilose, dem Kräutersalz und der sauren Sahne gut verrühren.
6. Die Sauce über den Salat gießen, ihn mit den Rosinen und den Mandeln bestreuen und dann etwa 1/2 Stunde lang durchziehen lassen.
(auf dem Foto: unten)

ca. 275 kcal • 1145 kJ

Möhren-Birnen-Frischkost

Zubereitungszeit:
ca. 20 Min.

Für 1 Person

- 2 Möhren
- 1 Birne
- 1 EL Zitronensaft

Für die Sauce:

- 75 g Joghurt 3,5 % Fett
- 2 EL süße Sahne
- 1 EL Frutilose

Außerdem:

- 1 EL grob gehackte Mandeln

1. Die Möhren schälen und in sehr feine Stifte schneiden.
2. Die Birne halbieren, das Kerngehäuse entfernen und das Fruchtfleisch in kleine Würfel schneiden. Sie mit den Möhrenstiften mischen und alles mit dem Zitronensaft beträufeln.
3. Den Joghurt mit der Sahne und der Frutilose verrühren und unter die Rohkost mischen. Sie mit den gehackten Nüssen bestreuen.
(auf dem Foto: Mitte links)

ca. 315 kcal • 1320 kJ

Allgäuer Gemüse-Käse-Salat

Zubereitungszeit:
ca. 25 Min.

Für 1 Person

- 1 rote Paprikaschote
- 1 Zwiebel
- 7 schwarze Oliven
- 2 Tomaten
- 50 g Allgäuer Emmentaler

Für die Sauce:

- 2 TL vergorenes Molkekonzentrat (Molkosan)
- 2 EL süße Sahne
- 1 TL Kräutersalz
- 1 TL Frutilose
- 1 EL kaltgepreßtes Olivenöl

Außerdem:

- 2 EL Schnittlauchröllchen

1. Das Kerngehäuse der Paprikaschote entfernen und die Schote in feine Streifen schneiden. Die Zwiebel schälen und in dünne Ringe schneiden. Beides nach Belieben kurz blanchieren und kalt abschrecken.
2. Die Oliven entsteinen. Die Stielansätze der Tomaten entfernen und sie fein würfeln.
3. Den Käse in Streifen schneiden und dann alle vorbereiteten Zutaten mischen.
4. Das Molkekonzentrat mit 100 ml Wasser und der Sahne gut verrühren. Die Sauce mit dem Kräutersalz würzen und mit der Frutilose leicht süßen und zuletzt das Öl darunterschlagen.
5. Die Sauce über den Salat gießen und ihn mit den Schnittlauchröllchen bestreuen.
(auf dem Foto: Mitte rechts)

ca. 445 kcal • 1865 kJ

Feine Selleriefrischkost

Zubereitungszeit:
ca. 25 Min.

Für 2 Personen

- ½ Knolle Sellerie
- 2 große säuerliche Äpfel
- 1 EL Zitronensaft
- 6 Walnußkerne
- 70 g ungeschwefelte Rosinen
- 175 g Sahnedickmilch
- 1 TL Kräutersalz

1. Die halbe Sellerieknolle schälen, in feine Stifte schneiden oder raspeln.
2. Die Äpfel vierteln, die Kerngehäuse entfernen und das Fruchtfleisch grob raspeln. Den Sellerie und die Äpfel mischen und alles mit dem Zitronensaft beträufeln.
3. Die Walnüsse grob hakken und zusammen mit den Rosinen zu der Sellerie-Apfel-Mischung geben.
4. Zuletzt die Sahnedickmilch darunterziehen, alles mit dem Kräutersalz würzen und gut mischen.
(auf dem Foto: oben)

ca. 295 kcal • 1230 kJ

Flädlesuppe

Zubereitungszeit:
ca. ¼ Std.

Für 2 Personen

Für die Flädle:

- 40 g süße Sahne
- 1 Eigelb
- ½ TL Meersalz
- 1 Msp. geriebene Muskatnuß
- 50 g feines Weizen- oder Dinkelvollkornmehl
- 2 EL kaltgepreßtes Sonnenblumenöl

Für die Suppe:

- 1 l vegetarische Gemüsebrühe (aus Instantpulver zubereitet)

Außerdem:

- 1 EL Schnittlauchröllchen
- 1 EL feingehackte Petersilie
- 1 TL frischer gehackter oder getrockneter Liebstöckel

1. Die Sahne zusammen mit 130 ml Wasser und dem Eigelb in eine Schüssel geben und alles mit einem Schneebesen verquirlen. Das Meersalz und die Muskatnuß dazugeben.
2. Das Vollkornmehl nach und nach hinzufügen und alles zu einem glatten Teig verrühren.
3. 1 Eßlöffel Öl in einer beschichteten Pfanne nicht zu stark erhitzen, die Hälfte des Teiges hineingeben, gleichmäßig verteilen und zu einem dünnen Pfannkuchen backen. Mit der zweiten Teighälfte ebenso verfahren.
4. Die Pfannkuchen abkühlen lassen und in dünne Streifen (Flädle) schneiden.
5. Die Gemüsebrühe erhitzen, mit Meersalz abschmecken und die Flädle hineingeben. Die Kräuter zuletzt in die Suppe streuen.

ca. 315 kcal • 1325 kJ

Paprikarahmsuppe

Zubereitungszeit:
ca. 35 Min.

Für 2 Personen

1 Zwiebel
1 rote Paprikaschote
1 gelbe Paprikaschote
1 EL Butter
1 EL feines Dinkelvollkornmehl
3/8 l vegetarische Gemüsebrühe (aus Instantpulver zubereitet)
4 EL süße Sahne
1 EL gehackte Petersilie

1. Die Zwiebel schälen und fein würfeln.
2. Die Kerngehäuse der Paprikaschoten entfernen und das Fruchtfleisch in Streifen schneiden. Einige Paprikastreifen für die Garnitur beiseite legen.
3. Die übrigen Paprikastreifen zusammen mit den Zwiebelwürfeln etwa 5 Minuten in der Butter andünsten.
4. Dann das Vollkornmehl darüberstäuben, leicht anschwitzen und die Gemüsebrühe unter Rühren dazugießen.
5. Das Ganze dann etwa 10 Minuten köcheln lassen. Die Suppe nach Belieben mit einem Schneidstab pürieren. Sie zuletzt mit der Sahne verfeinern.
6. Die zurückbehaltenen Paprikastreifen hinzufügen, kurz mit erwärmen und die Petersilie über die Suppe streuen.

ca. 150 kcal • 620 kJ

Dinkelschrotsuppe

Zubereitungszeit: ca. 35 Min.

Für 2 Personen

- 1 kleine Zwiebel
- 1 TL Butter
- 1 Möhre
- 1 Stück Knollensellerie
- 1 kleine Stange Lauch
- 50 g feines Dinkelschrot
- 1 EL vegetarische Gemüsebrühe (Instantpulver)
- 2 EL süße Sahne
- 2 EL gehackte Petersilie

1. Die Zwiebel schälen, in feine Würfel schneiden und in der Butter glasig dünsten.
2. Die Möhre und den Sellerie schälen, den Lauch putzen und alles zerkleinern. Das Gemüse zu den Zwiebeln geben und das Dinkelschrot unter Rühren hinzufügen.
3. Nun ½ l Wasser dazugießen und das Ganze mit der Instantbrühe abschmecken. Die Suppe im geschlossenen Topf etwa 20 Minuten köcheln lassen.
4. Die Suppe dann mit der Sahne verfeinern und mit der Petersilie bestreuen.
(auf dem Foto: oben)

ca. 335 kcal • 1420 kJ

Tip
Die oben angegebene Menge ergibt für eine Person ein vollständiges Hauptgericht.

Hirsesuppe

Zubereitungszeit: ca. 40 Min.

Für 2 Personen

- 40 g Hirse
- 400 ml vegetarische Gemüsebrühe (aus Instantpulver zubereitet)
- 1 kleine Stange Lauch
- ½ TL geriebene Muskatnuß
- 3 EL süße Sahne
- 2–3 EL Schnittlauchröllchen

1. Die Hirse mit heißem Wasser waschen, anschließend in einen Kochtopf geben und die Gemüsebrühe dazugießen. Alles etwa ¼ Stunde bei nur geringer Hitzezufuhr köcheln lassen.
2. In der Zwischenzeit den Lauch putzen und in Ringe schneiden. Den Lauch zur Hirse geben und alles zugedeckt in weiteren 10 Minuten garen.
3. Die Suppe nach Belieben mit dem Schneidstab pürieren. Sie mit Muskatnuß würzen und mit der Sahne verfeinern. Zuletzt den Schnittlauch darüberstreuen.
(auf dem Foto: Mitte)

ca. 180 kcal • 755 kJ

Tip
Die im Rezept angegebene Menge ergibt für eine Person ein Hauptgericht.

Spargelcremesuppe

Zubereitungszeit: ca. 40 Min.

Für 2 Personen

- 1 EL vegetarische Gemüsebrühe (Instantpulver)
- ½ TL Frutilose
- 400 g Spargel (300 g küchenfertig)
- 1 EL Butter
- 2 EL feines Weizenvollkornmehl
- 2 EL süße Sahne
- 1 EL gehackte Petersilie

1. 400 ml Wasser zusammen mit der Instantbrühe und der Frutilose zum Kochen bringen.
2. Inzwischen den Spargel schälen, eventuell holzige Enden abschneiden und die Stangen in etwa 4 cm lange Stücke schneiden.
3. Den Spargel in die Kochflüssigkeit geben und in etwa 20 Minuten bei geringer Hitzezufuhr garen. Die Spargelstücke dann herausnehmen.
4. Die Butter in einem Topf zerlassen, das Mehl hineinrühren und die Spargelbrühe unter Rühren nach und nach dazugießen.
5. Die Suppe aufkochen und binden lassen, die Spargelstücke und die Sahne hineingeben und die Petersilie darüberstreuen.
(auf dem Foto: unten)

ca. 130 kcal • 540 kJ

Sellerierahmsuppe

Zubereitungszeit:
ca. 25 Min.

Für 2 Personen

1 kleine Knolle Sellerie (250 g küchenfertig)
½ l vegetarische Gemüsebrühe (aus Instantpulver zubereitet)
4 EL süße Sahne
2 EL gehackte Petersilie

1. Die Sellerieknolle schälen und würfeln. Zartes Selleriegrün für die Garnitur beiseite legen.
2. Die Selleriewürfel in etwa 10 Minuten in der Gemüsebrühe im geschlossenen Topf garen.
3. Das Ganze anschließend mit dem Schneidstab pürieren und mit der Sahne verfeinern. Die Petersilie über die Suppe streuen und sie mit dem Selleriegrün garnieren.
(auf dem Foto: Mitte)

ca. 210 kcal • 895 kJ

Tip
Die im Rezept angegebene Menge ergibt für eine Person ein Hauptgericht.

Paprika-Kraut-Suppe

Zubereitungszeit:
ca. 40 Min.

Für 2 Personen

- 1 rote Paprikaschote
- 1 Zwiebel
- 1 EL kaltgepreßtes Sonnenblumenöl
- 5 Tomaten
- 2 TL vegetarische Gemüsebrühe (Instantpulver)
- 1 TL Paprikapulver rosenscharf
- 100 g Sauerkraut
- 2 EL süße Sahne
- 2 EL gehackte Petersilie oder Schnittlauchröllchen

1. Das Kerngehäuse der Paprikaschote entfernen und das Fruchtfleisch in feine Streifen schneiden.
2. Die Zwiebel schälen und in Ringe schneiden. Die Paprikastreifen und die Zwiebelringe in dem Sonnenblumenöl etwa 5 Minuten andünsten.
3. In der Zwischenzeit die Tomaten vierteln und die Stielansätze entfernen. Das Fruchtfleisch mit dem Schneidstab pürieren und das Püree nach Belieben durch ein Sieb streichen.
4. Das Tomatenmus mit der Instantbrühe und dem Paprikapulver abschmecken und es unter das Gemüse rühren.
5. Das Sauerkraut kleinschneiden und zur Suppe geben. Alles zugedeckt bei geringer Hitzezufuhr etwa 10 Minuten köcheln lassen. Eventuell etwas Wasser hinzufügen.
6. Die Suppe mit der Sahne verfeinern und mit Petersilie oder Schnittlauchröllchen bestreuen.
(auf dem Foto: oben)

ca. 240 kcal • 1005 kJ

Ländliche Tomatensuppe

Zubereitungszeit:
ca. 3/4 Std.

Für 2 Personen

- 1 Stück Knollensellerie
- 1 große Möhre
- 1 kleine Zwiebel
- 1 EL kaltgepreßtes Olivenöl
- 6 reife Tomaten
- 2 TL vegetarische Gemüsebrühe (Instantpulver)
- 1 TL Pizzagewürz
- 1 Msp. Cayennepfeffer
- 3 EL süße Sahne
- 1 Zweig Basilikum

1. Den Sellerie, die Möhre und die Zwiebel schälen und in kleine Würfel schneiden. Das Olivenöl in einem Topf nicht zu stark erhitzen und die Gemüsewürfel darin andünsten.
2. Die Stielansätze der Tomaten entfernen und die Früchte mit dem Schneidstab pürieren. Das Püree nach Belieben durch ein Sieb streichen.
3. Das Tomatenmus zu den Gemüsewürfeln geben und dann alles bei geringer Hitzezufuhr etwa 12 Minuten köcheln lassen. Eventuell etwas Wasser hinzufügen.
4. Die Suppe anschließend mit dem Schneidstab pürieren. Sie mit der Instantbrühe, dem Pizzagewürz und dem Cayennepfeffer kräftig würzen, mit der Sahne verfeinern und mit Basilikumblättchen garnieren.
(auf dem Foto: unten)

ca. 165 kcal • 695 kJ

KOHLENHYDRATREICHE HAUPTGERICHTE

Die bunte Vielfalt an Rezepten in diesem Kapitel zeigt Ihnen nur einen Ausschnitt der Möglichkeiten. Sie finden hier köstliche Kartoffel-, Nudel- und Reisgerichte, verlockende pikante Kuchen, aber auch reichhaltige Salate und süße Hauptgerichte.
Probieren Sie Neues aus, oder holen Sie sich Anregungen, um Altbewährtes variieren zu können. Der Trennungsplan auf den Seiten 14 und 15 zeigt Ihnen, welche Lebensmittel für die Zubereitung eines kohlenhydratreichen Gerichtes zur Verfügung stehen. Sie können mit ihnen darüber hinaus alle neutralen Lebensmittel und Speisen beliebig kombinieren.

Sie werden sehen: Es muß nicht immer Fleisch auf dem Tisch stehen. Auch mit Gemüse, Nudeln, Reis und anderem Getreide kann man seine Familie vortrefflich verwöhnen. Sie finden in diesem Kapitel auch eine Reihe von gehaltvolleren Salaten, die man leicht vorbereiten kann und die sich gut zum Mitnehmen eignen. So kann man auch als Berufstätige(r) gesund, abwechslungsreich und mit viel Genuß essen.

Bunte Kartoffelsuppe

Zubereitungszeit: ca. 50 Min.

Für 2 Personen

300 g geschälte Kartoffeln
½ l vegetarische Gemüsebrühe (aus Instantpulver zubereitet)
1 große Stange Lauch
2 EL Butter
3 Möhren (200 g küchenfertig)
150 g frische grüne Erbsen oder Tiefkühlware
1 Msp. Cayennepfeffer
1 Msp. geriebene Muskatnuß
Kräutersalz, 1 TL Kümmel
4 EL süße Sahne
2 EL gehackte Petersilie

1. Die Kartoffeln in Würfel schneiden und in der Gemüsebrühe in etwa 18 Minuten garen.
2. Inzwischen den Lauch putzen und in feine Ringe schneiden. Sie in der Butter kurz andünsten.
3. Die Möhren schälen, würfeln und mit den Erbsen hinzufügen.
4. Die Hälfte der gegarten Kartoffelwürfel aus der Brühe nehmen und zu dem Gemüse geben. Alles unter gelegentlichem Umrühren etwa 10 Minuten schmoren lassen.
5. Das Gemüse mit Cayennepfeffer, Muskatnuß, Kräutersalz und Kümmel würzen.
6. Die in der Gemüsebrühe verbliebenen Kartoffelwürfel zusammen mit der Brühe pürieren. Das gedünstete Gemüse hinzufügen, alles mit der Sahne verfeinern und mit Petersilie bestreuen.
(auf dem Foto: unten)

ca. 360 kcal • 1510 kJ

Kartoffel-Lauch-Suppe

Zubereitungszeit: ca. 35 Min.

Für 2 Personen

300 g geschälte Kartoffeln
2 große Stangen Lauch
1 Zwiebel
1 EL Butter
50 g süße Sahne
1 EL vegetarische Gemüsebrühe (aus Instantpulver)
1 Msp. geriebene Muskatnuß

1. Die Kartoffeln in kleine Würfel schneiden. Den Lauch putzen und in dünne Ringe schneiden.
2. Nun die Zwiebel schälen, fein würfeln und in der Butter glasig dünsten. Die Kartoffeln, den Lauch und 600 ml Wasser hinzufügen und alles bei nur geringer Hitzezufuhr im geschlossenen Topf in 18 bis 20 Minuten garen.
3. Das Ganze anschließend mit dem Schneidstab pürieren. Die süße Sahne unter die Suppe rühren und sie mit der Instantbrühe und der Muskatnuß abschmecken.
(auf dem Foto: oben)

ca. 265 kcal • 1105 kJ

Zucchini-Kartoffel-Suppe

Zubereitungszeit: ca. ½ Std.

Für 2 Personen

600 g geputzte Zucchini
300 g geschälte Kartoffeln
1½ EL vegetarische Gemüsebrühe (Instantpulver)
nach Belieben 1 Knoblauchzehe
50 g süße Sahne

1. Die Zucchini und die Kartoffeln in grobe Stücke schneiden.
2. Beides zusammen mit etwa ¾ l Wasser in einen Topf geben und mit der Instantbrühe abschmekken und 15 bis 18 Minuten köcheln lassen.
3. Nach Belieben die Knoblauchzehe durch die Presse dazudrücken. Das Ganze im Mixer oder mit dem Schneidstab pürieren und mit der Sahne verfeinern.
(auf dem Foto: Mitte)

ca. 240 kcal • 995 kJ

Hinweis
Möchten Sie die Zucchinisuppe als Eiweißmahlzeit für 2 Personen zubereiten, schneiden Sie etwa 600 g geputzte Zucchini in Stücke und lassen sie in 600 ml Wasser mit etwa 1½ Eßlöffeln pflanzlicher Gemüsebrühe (Instantpulver) 10 bis 12 Minuten köcheln.
Das Gemüse anschließend pürieren. 3 Eier schaumig schlagen. Ein wenig heiße Suppe hineingeben und die Eimasse dann in die Suppe rühren.

ca. 235 kcal • 975 kJ

Möhren-Kartoffel-Eintopf

Zubereitungszeit: ca. ½ Std.

Für 2 Personen

600 g geschälte Möhren
200 g geschälte Kartoffeln
1 EL vegetarische Gemüsebrühe (Instantpulver)
½ TL Frutilose
2 TL Butter
3 EL gehackte Petersilie

1. Die Möhren je nach Größe der Länge nach vierteln und in Würfel schneiden. ¼ l Wasser zum Kochen bringen, die Möhrenwürfel hineingeben und im geschlossenen Topf bei mäßiger Hitzezufuhr etwa 5 Minuten lang vorgaren.
2. In der Zwischenzeit die Kartoffeln in kleine Würfel schneiden und zu den Möhren geben. Alles weitere 12 bis 15 Minuten leicht köcheln lassen.
3. Nun die Instantbrühe, die Frutilose und die Butter hinzufügen und den Eintopf mit Petersilie bestreuen.
(auf dem Foto: oben)

ca. 210 kcal • 885 kJ

Würzkartoffeln mit Tsatsiki

Zubereitungszeit: ca. 1/4 Std.
Garzeit im Ofen: ca. 3/4 Std.

Für 1 Person

Für die Kartoffeln:

3 Kartoffeln (200 g)
3 EL kaltgepreßtes Sonnenblumenöl
4 EL gemischte, gehackte Kräuter (Majoran, Basilikum, Salbei)
1 Knoblauchzehe
1 TL Paprikapulver rosenscharf
1 TL Kräutersalz

Für den Tsatsiki:

150 g Sahnedickmilch
1/2 TL vergorenes Molkekonzentrat (Molkosan)
1/2 TL kaltgepreßtes Olivenöl
1 Knoblauchzehe
1 Stück Salatgurke (75 g)
Meersalz
1 EL gehackter Dill

1. Die Kartoffeln gründlich abbürsten und mit Schale in etwa 1 cm dicke Scheiben schneiden.
2. Das Sonnenblumenöl mit den Kräutern mischen, die Knoblauchzehe durch eine Presse dazudrücken und Paprikapulver und Salz hinzufügen.
3. Den Backofen auf 200 °C vorheizen. Die Kartoffelscheiben auf beiden Seiten mit dem Würzöl bestreichen und auf ein Backblech legen. Es in den Ofen schieben und die Kartoffeln in etwa 3/4 Stunden backen.
4. Inzwischen den Tsatsiki zubereiten. Dafür die Sahnedickmilch, das Molkekonzentrat und das Olivenöl in eine Schüssel geben und mit dem Schneebesen verrühren.
5. Die Knoblauchzehe schälen und durch eine Presse dazudrücken. Das Stück Salatgurke schälen und auf einer Rohkostreibe raspeln.
6. Die Gurkenraspel in die Sahnedickmilch rühren und alles mit Meersalz würzen. Den Dill darüberstreuen. Die Kartoffeln zusammen mit dem Tsatsiki essen.
(auf dem Foto: unten)

ca. 550 kcal • 1880 kJ

Tip
Tsatsiki schmeckt auch gut auf Vollkornbrot.
1 Portion Tsatsiki enthält ca. 130 kcal beziehungsweise 550 kJ.

Spinatgratin

Zubereitungszeit:
ca. 35 Min.
Garzeit im Ofen:
ca. 22 Min.

Für 1 Person

2–3 gleich große festkochende Kartoffeln (200 g küchenfertig)
500 g Blattspinat
etwas Butter für die Form
50 g süße Sahne
60 g Käse 60 % Fett i.Tr. (Rahmgouda oder Camembert)
1 Msp. Cayennepfeffer
½ TL gehacktes Liebstöckel
½ TL Majoran
1 TL vegetarische Gemüsebrühe (Instantpulver)

1. Die Kartoffeln als Pellkartoffeln in 12 bis 15 Minuten vorgaren.
2. In der Zwischenzeit den Spinat verlesen, in kochendem Wasser kurz blanchieren, herausnehmen und dann abtropfen lassen.
3. Die Kartoffeln leicht abkühlen lassen, pellen und in gleichmäßig dicke Scheiben schneiden.
4. Den Spinat in eine gefettete Auflaufform geben und die Kartoffelscheiben schuppenartig darauf legen.
5. Nun den Backofen auf 160 °C vorheizen. 120 ml Wasser mit der Sahne mischen. Den Käse in kleine Würfel schneiden und hineingeben.
6. Die Mischung mit Cayennepfeffer, Liebstöckel, Majoran und Instantbrühe abschmecken und über die Kartoffelscheiben gießen.
7. Das Gratin in den Ofen stellen und in 18 bis 22 Minuten backen. Es soll eine goldgelbe Kruste haben.
(auf dem Foto: Mitte)

ca. 615 kcal • 2550 kJ

Gegrillte Kartoffeln mit Dip

Quellzeit: ca. 8 Std.
Zubereitungszeit:
ca. ½ Std.
Garzeit im Ofen:
ca. 55 Min.

Für 2 Personen

40 g Dinkelkörner

Für die Kartoffeln:
4 Kartoffeln
4 TL kaltgepreßtes Sonnenblumenöl
1 EL Kümmel
1 TL Majoran
1 TL gehacktes Liebstöckel

Für den Dip:
1 Salatgurke
1 Avocado
1 Frühlingszwiebel
350 g Sahnedickmilch
Kräutersalz
nach Belieben
2 Knoblauchzehen

Außerdem:
8 kleine Dillzweige

1. Den Dinkel mit Wasser bedecken und für etwa 8 Stunden oder über Nacht quellen lassen.
2. Den Dinkel am nächsten Tag im Einweichwasser bei geringer Hitze in etwa 25 Minuten garen.
3. Inzwischen die Kartoffeln gut abbürsten, mit wenig Wasser in einen Topf geben und etwa 8 Minuten lang vorgaren. Sie anschließend der Länge nach halbieren.

4. Die Schnittflächen mit dem Öl bestreichen und mit Kümmel, Majoran und Liebstöckel würzen. Den Grill vorheizen.

5. Die Hälften wieder zusammensetzen und jede Kartoffel in doppelte Alufolie wickeln (die matte Seite der Folie nach außen). Die Kartoffeln bei starker Hitze 45 bis 55 Minuten grillen.
6. Inzwischen den Dip zubereiten. Dafür die Gurke schälen und fein würfeln.
7. Die Avocado schälen, den Kern entfernen und das Fruchtfleisch in kleine Stücke schneiden. Die Frühlingszwiebel putzen und in sehr feine Ringe schneiden.
8. Die Sahnedickmilch mit dem Schneebesen glattrühren und das vorbereitete Gemüse und den gekochten Dinkel hinzufügen. Alles mit Kräutersalz abschmecken und nach Belieben die Knoblauchzehe durch eine Presse dazudrücken.
9. Die Folien der Kartoffeln öffnen, die Kartoffeln längs einschneiden, etwas auseinanderdrücken und den Dip darauf verteilen. Mit dem Dill garnieren.
(auf dem Foto: unten)

ca. 750 kcal • 3145 kJ

Pellkartoffeln mit Quark

Zubereitungszeit:
ca. ½ Std.

Für 2 Personen

400 g kleine Kartoffeln
250 g Quark 20 % Fett i.Tr.
4 EL Mineralwasser
1 Bund Schnittlauch
½ TL Meersalz
½ TL Paprikapulver
1 Salatgurke

1. Die Kartoffeln waschen und als Pellkartoffeln in 18 bis 20 Minuten garen.
2. In der Zwischenzeit den Quark mit dem Mineralwasser cremig rühren.
3. Den Schnittlauch in kleine Röllchen schneiden und zusammen mit dem Meersalz zum Quark geben. Alles gut verrühren und mit dem Paprikapulver bestäuben.
4. Die Salatgurke schälen und in 1 cm dicke Scheiben schneiden. Die Gurkenscheiben zusammen mit den Pellkartoffeln und dem Quark servieren.
(auf dem Foto: oben)

ca. 300 kcal • 1260 kJ

Kartoffelbrei mit Sauerkraut und Röstzwiebeln

Zubereitungszeit:
ca. 35 Min.

Für 2 Personen

5 Kartoffeln
(400 g küchenfertig)
1 EL vegetarische Gemüsebrühe (Instantpulver)
50 g süße Sahne
500 g Sauerkraut
1 große Gemüsezwiebel
1½ EL ungehärtetes Kokosfett

1. Die Kartoffeln schälen und in kleine Würfel schneiden. Sie in 350 ml Wasser im geschlossenen Topf in etwa 20 Minuten weichkochen.
2. Die Kartoffelwürfel im eigenen Kochwasser zerstampfen, dann das Püree mit der Instantbrühe abschmecken und mit der Sahne verfeinern.
3. Das Sauerkraut nach Belieben kleinschneiden und in einem Topf erwärmen.
4. In der Zwischenzeit die Zwiebel schälen und in feine Ringe schneiden.
5. Das Fett in einer Pfanne erhitzen und die Zwiebelringe darin unter Wenden rösten.
6. Das heiße Sauerkraut mit dem Kartoffelbrei mischen und zusammen mit den Zwiebelringen servieren.
(auf dem Foto: oben)

ca. 570 kcal • 2380 kJ

Bratkartoffeln mit Rosenkohl

Zubereitungszeit:
ca. ½ Std.

Für 2 Personen

400 g am Vortag gegarte Pellkartoffeln
1 Zwiebel
2 EL kaltgepreßtes Sonnenblumenöl
1 TL Kräutersalz
500 g TK-Rosenkohl
1 TL vegetarische Gemüsebrühe (Instantpulver)
1 Msp. geriebene Muskatnuß
1½ EL Butter

1. Die Kartoffeln pellen und in Scheiben schneiden. Die Zwiebel schälen, fein würfeln und in dem Öl glasig dünsten.
2. Nun die Kartoffelscheiben hinzufügen, alles mit dem Kräutersalz würzen und bei nicht zu starker Hitzezufuhr so lange braten, bis die Kartoffeln goldgelb sind.
3. In der Zwischenzeit den Rosenkohl mit wenig Wasser aufsetzen und mit der Instantbrühe sowie Muskatnuß würzen.
4. Den Rosenkohl im geschlossenen Topf 8 bis 12 Minuten köcheln lassen und das Gemüse danach mit einer Schaumkelle herausnehmen.
5. Die Butter in einer Pfanne zart bräunen und über das Gemüse gießen. Es zusammen mit den Bratkartoffeln servieren.
(auf dem Foto: Mitte)

ca. 395 kcal • 1645 kJ

Matjes in Sahne mit Pellkartoffeln

Zubereitungszeit:
ca. ½ Std.
Zeit zum Durchziehen:
ca. 24 Std.

Für 2 Personen

Für die Matjes:
2 ausgenommene Matjesheringe ohne Kopf
125 g saure Sahne
175 g Sahnedickmilch
1 Zwiebel
2 mürbe Äpfel
5 Wacholderbeeren
2 TL vergorenes Molkekonzentrat (Molkosan)
2 EL gehackter Dill

Außerdem:
400 g Pellkartoffeln

Die Schwänze der Heringe abschneiden

Entlang der Rückengräte einschneiden

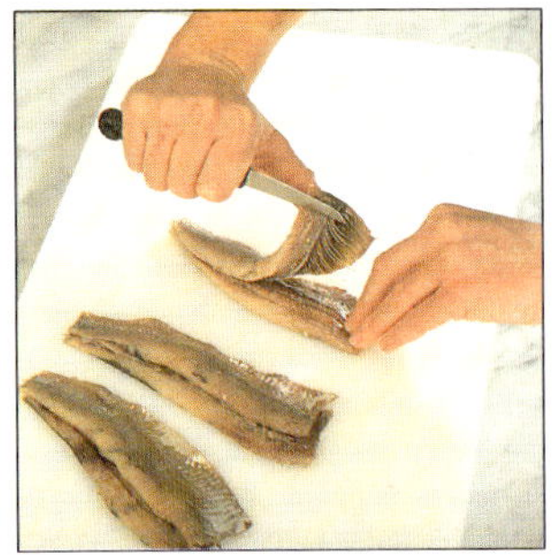

Die Gräte entfernen

1. Die Heringe unter fließendem kaltem Wasser abwaschen. Mit einem scharfen Messer die Schwänze abschneiden und entlang der Rückengräte einschneiden. Die Gräte vorsichtig herausnehmen, und dabei auch die kleineren Gräten mit entfernen.
2. Die saure Sahne und die Sahnedickmilch mit 6 Eßlöffeln Wasser cremig rühren.
3. Die Zwiebel schälen und in dünne Ringe schneiden. Die Äpfel vierteln, nach Belieben schälen, die Kerngehäuse entfernen und das Fruchtfleisch in schmale Spalten schneiden.
4. Die Zwiebelringe und die Apfelspalten zusammen mit den Wacholderbeeren zur Sahnesauce geben. Das Molkekonzentrat hineinrühren und den Dill daruntermischen.
5. Die Matjesfilets in die Sauce legen und zugedeckt im Kühlschrank etwa 24 Stunden durchziehen lassen.
Essen Sie dazu 400 g Pellkartoffeln.
(auf dem Foto: unten)

ca. 625 kcal • 2610 kJ

Hinweis
Essen Sie vorweg einen neutralen Salat (Seite 48 bis 52).

Kartoffelsalat mit Matjes

Garzeit der Kartoffeln (am Vortag): ca. 1/2 Std.
Zubereitungszeit: ca. 35 Min.

Für 2 Personen

- 400 g festkochende Kartoffeln
- 160 ml heiße vegetarische Gemüsebrühe (aus Instantpulver zubereitet)
- 12 Radieschen
- 6 Frühlingszwiebeln
- 1 kleine rote Paprikaschote
- 2 Tomaten

Für die Sauce:

- 200 g Sahnedickmilch
- 2 TL vergorenes Molkekonzentrat (Molkosan)
- 2 TL kaltgepreßtes Sonnenblumenöl
- Kräutersalz
- 2 Bund Schnittlauch
- 4 EL gehackter Dill

Außerdem:

- 4 kleine Matjesfilets

Für die Garnitur:

- 2 Petersilienzweige
- 1 rote Zwiebel

1. Die Kartoffeln am besten am Vortag als Pellkartoffeln garen und abkühlen lassen. Sie dann pellen, in Scheiben schneiden und mit der heißen Brühe übergießen.
2. Die Radieschen und die Frühlingszwiebeln waschen und in feine Scheiben beziehungsweise Ringe schneiden.
3. Das Kerngehäuse der Paprikaschote und die Stielansätze der Tomaten entfernen und das Gemüse in feine Streifen oder Spalten schneiden. Alle vorbereiteten Zutaten in eine Schüssel geben.
4. Die Sahnedickmilch mit dem Molkekonzentrat, dem Sonnenblumenöl und Kräutersalz verrühren.
5. Den Schnittlauch in Röllchen schneiden und zusammen mit dem Dill zur Sahnedickmilch geben. Die Sauce unter die Salatzutaten mischen, den Salat zusammen mit den Matjesfilets anrichten und alles mit Petersilie und roten Zwiebelringen garnieren.

ca. 690 kcal • 2895 kJ

Rheinischer Heringssalat

Zubereitungszeit:
ca. 1 Std.
Zeit zum Durchziehen:
mind. 3 Std.

Für 2 Personen

Für den Salat:
1 kleine rote Bete
(200 g küchenfertig)
4 etwa gleich große
Kartoffeln
1 Zwiebel
1 mürber Apfel
8 Walnußkerne
4 Matjesfilets

Für die Sauce:
125 g saure Sahne
100 g Sahnedickmilch
1 EL kaltgepreßtes
Sonnenblumenöl
1 EL vergorenes Molke-
konzentrat (Molkosan)
1 EL Frutilose

Außerdem:
2 EL gehackte Petersilie

1. Die rote Bete und die Kartoffeln gut abbürsten und in wenig Wasser in 20 bis 25 Minuten garen. Beides abkühlen lassen, pellen und in kleine Würfel schneiden.
2. Die Zwiebel schälen und sehr fein würfeln. Nach Belieben den Apfel schälen, ihn dann vierteln, das Kerngehäuse entfernen und das Fruchtfleisch in schmale Spalten schneiden.
3. Die Nüsse grob hacken und die Matjesfilets in feine Streifen schneiden. Nun alle vorbereiteten Zutaten mischen.
4. Die saure Sahne, die Sahnedickmilch, das Sonnenblumenöl, das Molkekonzentrat und die Frutilose verrühren, unter den Heringssalat mischen und die Petersilie darüberstreuen. Den Salat gut durchziehen lassen.

ca. 850 kcal • 3545 kJ

Tip
Sollten die Matjes sehr salzig sein, legen Sie sie für kurze Zeit in Wasser.
Wie Sie Matjes selbst filetieren können, erfahren Sie auf Seite 72.

Bunter Gemüsesalat

Zubereitungszeit: ca. 35 Min.

Für 2 Personen

- 2 Kartoffeln
- 2 Möhren
- 150 g grüne Bohnen
- ¼ l vegetarische Gemüsebrühe (aus Instantpulver zubereitet)
- 2 Tomaten
- ½ Salatgurke
- 100 g TK-Maiskörner

Für die Sauce:

- 125 g saure Sahne
- 1 EL vergorenes Molkekonzentrat (Molkosan)
- 1 EL kaltgepreßtes Sonnenblumenöl

Außerdem:

- 125 g Schafskäse

1. Die Kartoffeln und die Möhren schälen und in kleine Würfel schneiden. Die Bohnen abfädeln und in etwa 4 cm lange Stücke brechen.
2. Das Gemüse in einen Topf geben, die Gemüsebrühe angießen und alles bei mittlerer Hitzezufuhr in 15 bis 18 Minuten garen.
3. Das Gemüse aus der Brühe nehmen und abkühlen lassen.
4. In der Zwischenzeit die Stielansätze der Tomaten entfernen und das Fruchtfleisch fein würfeln.
5. Die Gurken schälen, der Länge nach vierteln und in kleine Stücke schneiden.
6. Das abgekühlte Gemüse mit den Tomaten und den Gurken mischen und zuletzt den Mais dazugeben.
7. Aus der sauren Sahne, dem Molkekonzentrat, dem Öl und ein wenig Gemüsebrühe eine Sauce rühren und sie über den Gemüsesalat gießen. Alles gut mischen und den Schafskäse darüberbröckeln.
(auf dem Foto: unten)

ca. 385 kcal • 1610 kJ

Tip
Die Zutaten für diesen Salat kann man problemlos am Abend für den nächsten Tag vorbereiten. Mischen Sie morgens dann die Sauce darunter, geben den Käse dazu und nehmen den Salat gut verpackt, zum Beispiel an den Arbeitsplatz mit.

Gemüsesuppe mit Käseknödeln

Zubereitungszeit:
ca. 1 Std. 10 Min.

Für 2 Personen

Für die Suppe:

800 g gemischtes, geputztes Gemüse; bestehend aus: Möhren, Kohlrabi, Knollensellerie, Blumenkohl und grünen Bohnen
1 Zwiebel
1½ EL Butter
1½ EL vegetarische Gemüsebrühe (Instantpulver)
geriebene Muskatnuß

Für die Knödel:

2 altbackene Vollkornbrötchen (à 40 g)
3 EL süße Sahne
1 Zwiebel
1 TL Butter
1–2 EL gehackte Petersilie
1 TL gehacktes Liebstöckel
1 Eigelb
2 EL Sonnenblumenkerne
1½ TL vegetarische Gemüsebrühe (Instantpulver)
50 g Rahmgouda oder Butterkäse 60% Fett i.Tr.
Meersalz
3 EL Kartoffelstärke

Außerdem:

2 EL gehackte Petersilie

1. Die Möhren längs vierteln und in etwa 4 cm lange Stücke schneiden. Den Kohlrabi und den Sellerie in Stifte schneiden und den Blumenkohl in kleine Röschen teilen.

2. Die Bohnen in etwa 2 cm lange Stücke schneiden. Die Zwiebel schälen, fein würfeln und in der Butter glasig dünsten. Das Gemüse hinzufügen.

3. ½ l Wasser dazugießen und alles mit der Instantbrühe abschmecken. Die Suppe 15 bis 18 Minuten köcheln lassen.

4. Inzwischen die altbackenen Brötchen in kleine Würfel schneiden, 100 ml heißes Wasser und die Sahne darübergießen und sie einige Minuten quellen lassen.

5. Die Zwiebel schälen, sehr fein würfeln und in der Butter glasig dünsten. Zusammen mit der Petersilie und dem Liebstöckel zu den Brötchen geben.

6. Das Eigelb, die Sonnenblumenkerne und die Instantbrühe hinzufügen und alles gut mischen. Nun ¾ l Salzwasser zum Kochen bringen.

7. Den Käse würfeln. Aus dem Teig mit angefeuchteten Händen vier Knödel formen und sie mit den Käsewürfeln füllen.

8. Die Kartoffelstärke mit wenig Wasser anrühren und in das Kochwasser mischen. Die Knödel im siedenden Wasser im offenen Topf 8 bis 10 Minuten ziehen lassen.

9. Die Gemüsesuppe mit Muskatnuß abschmecken und die Käseknödel hineingeben. Die Petersilie darüberstreuen.
(auf dem Foto: oben)

ca. 405 kcal • 1705 kJ

Spaghetti mit kalter feuriger Tomatensauce

Zubereitungszeit: ca. ½ Std.

Für 2 Personen

Für die Sauce:
400 g reife Tomaten
1 rote Paprikaschote
10 schwarze Oliven
1 EL kaltgepreßtes Olivenöl
¼ TL Cayennepfeffer
½ TL Chillipulver
½ TL Rosmarin
1 TL Paprikapulver edelsüß
1 TL Kräutersalz
nach Belieben 1–2 Knoblauchzehen
2–3 EL gehackte, glattblättrige Petersilie
2 EL süße Sahne

Außerdem:
120 g rohe Vollkornspaghetti, Meersalz

1. Die Stielansätze der Tomaten entfernen und die Tomaten in grobe Stücke schneiden.
2. Das Kerngehäuse der Paprikaschote entfernen, das Fruchtfleisch ebenfalls in Stücke schneiden und zusammen mit den Tomaten mit einem Schneidstab pürieren. Das Püree nach Belieben durch ein Sieb streichen.
3. Die Oliven entsteinen und das Fruchtfleisch hakken. Das Olivenöl daruntermischen und das Ganze in das Püree rühren. Es mit den Gewürzen kräftig abschmecken.
4. Nach Belieben die Knoblauchzehen durch eine Presse dazudrücken. Zum Schluß die gehackte Petersilie darunterrühren und die Sauce mit der Sahne verfeinern.
5. Die Spaghetti in leicht gesalzenem Wasser in 10 bis 12 Minuten bißfest garen. Sie dann abgießen und zusammen mit der Sauce anrichten.
(auf dem Foto: Mitte)

ca. 510 kcal • 2145 kJ

Variation
Sie können statt der Nudeln auch Naturreis zur Tomatensauce essen.

Nudeln mit Paprika-Pilz-Sauce

Zubereitungszeit: ca. ¾ Std.

Für 2 Personen

Für die Sauce:
350 g kleine Champignons
1½ EL Butter
1 große rote Paprikaschote
2 EL feines Weizenvollkornmehl
¼ l vegetarische Gemüsebrühe (aus Instantpulver zubereitet)
1 TL Paprikapulver rosenscharf
1 Msp. Cayennepfeffer
½ TL Majoran
1 TL Kräuter der Provence
3 EL süße Sahne

Außerdem:
120 g rohe Vollkornnudeln
Meersalz

1. Die Pilze nach Belieben in Scheiben schneiden oder ganz lassen und in der Butter anbraten. Das Kerngehäuse der Paprikaschote entfernen und das Fruchtfleisch in schmale Streifen schneiden.
2. Nun bereits das Kochwasser für die Nudeln aufsetzen. Den Paprika zu den Pilzen geben, alles mit dem Vollkornmehl bestäuben und es kurz anschwitzen lassen. Mit der Gemüsebrühe ablöschen und die Sauce unter Rühren 5 bis 8 Minuten köcheln lassen.
3. Inzwischen die Nudeln in 10 bis 12 Minuten in leicht gesalzenem Wasser bißfest garen. Die Sauce mit den Gewürzen und den Kräutern abschmecken und mit der süßen Sahne verfeinern. Die Nudeln abgießen und zusammen mit der Sauce anrichten.
(auf dem Foto: unten)

ca. 390 kcal • 1645 kJ

Hinweis
Essen Sie dazu einen kleinen neutralen Salat (Seite 48 bis 52).

Spaghetti mit Knoblauch-Sahne-Sauce

Zubereitungszeit:
ca. 20 Min.

Für 2 Personen

- 200 g rohe Vollkorn-spaghetti
- 1 TL Meersalz
- 2 Knoblauchzehen
- 125 g süße Sahne
- ½ TL Kräutersalz
- 2 EL gehackte Petersilie oder 1 TL gehackter Salbei

1. Die Spaghetti in reichlich leicht gesalzenem Wasser in 10 bis 12 Minuten bißfest garen.
2. In der Zwischenzeit den Knoblauch schälen, durch eine Presse in die Sahne drücken und alles mit dem Kräutersalz abschmecken.
3. Die Nudeln abgießen, kurz mit warmen Wasser abbrausen und mit der Sahnesauce mischen. Die Petersilie darüberstreuen oder den Salbei daruntermischen.
(auf dem Foto: oben)

ca. 540 kcal • 2265 kJ

Tip
Dazu paßt ein Tomatensalat. Soll es schnell gehen, kann man in Scheiben geschnittene Tomaten dazu essen.

Spätzle mit Gemüsesauce

Zubereitungszeit:
ca. 1 Std. 20 Min.

Für 2 Personen

Für die Sauce:

1 große Zwiebel
2 Möhren
1 Stück Knollensellerie
100 g süße Sahne
2 Lorbeerblätter
1 Msp. geriebene Muskatnuß
1 TL Meersalz
3 EL Butter
2 geh. EL feines Weizenvollkornmehl
1 rote Paprikaschote
4 EL TK-Maiskörner

Außerdem:

120 g rohe, fertig gekaufte Vollkornspätzle oder selbstgemachte (siehe Tip rechts)

1. Die Zwiebel, die Möhre und den Sellerie schälen und alles in feine Würfel schneiden.
2. Die Sahne zusammen mit 400 ml Wasser in einen Topf geben, das Gemüse, das Lorbeerblatt, Muskatnuß und Meersalz hinzufügen und alles zum Kochen bringen.
3. Das Ganze etwa 5 Minuten köcheln lassen. Den Topf dann vom Herd nehmen und die Mischung zugedeckt etwa ½ Stunde durchziehen lassen. Inzwischen leicht gesalzenes Kochwasser für die Vollkornspätzle aufsetzen.
4. Die Gemüsemischung durch ein Sieb in eine Schüssel gießen. Das Gemüse beiseite stellen und die Lorbeerblätter entfernen.
5. Die Butter in einem kleinen Topf zerlassen, das Mehl hineinrühren und hell anschwitzen. Das Gemüsewasser nach und nach angießen.
6. Die Sauce unter Rühren zum Kochen bringen und so lange köcheln lassen, bis sie bindet.
Nun die Spätzle in 10 bis 12 Minuten bißfest garen.
7. Inzwischen das Kerngehäuse der Paprikaschote entfernen und das Fruchtfleisch in feine Würfel schneiden. Sie zusammen mit den Maiskörnern und den gegarten Gemüsewürfeln in die Sauce geben.
8. Die Spätzle abgießen und zusammen mit der Gemüsesauce anrichten.
(auf dem Foto: unten)

ca. 620 kcal • 2590 kJ

Tip
Vollkornspätzle kann man leicht selbst zubereiten. Für 2 Portionen benötigt man 2 Eigelbe, 1 Prise Meersalz, 100 g feines Dinkelvollkornmehl und 1 TL vegetarische Gemüsebrühe (Instantpulver). Die Eigelbe, 100 ml Wasser und die Prise Salz miteinander verquirlen und dann mit dem Mehl verrühren. Den Teig kurze Zeit quellen lassen.
¾ l Wasser zum Kochen bringen und mit der Instantbrühe abschmecken.

ca. 225 kcal • 935 kJ

Den Teig dünn auf ein Brett streichen

Teigstreifen in kochendes Wasser schaben

Den Spätzleteig portionsweise dünn auf ein kleines Brett streichen. Eine Palette (Messer mit breiter und auf beiden Seiten stumpfer Klinge) in das kochende Wasser tauchen und den Teig damit in feinen Streifen in das Wasser schaben. Je feiner sie sind, desto besser.
Die Spätzle etwa 3 Minuten ziehen lassen, mit einem Schaumlöffel herausnehmen und kurz kalt abbrausen.
Die selbstgemachten Spätzle schmecken sehr gut, wenn man sie einfach in Butter brät und mit Butterkäse mischt.
Auch zusammen mit einem Pilzgemüse (Seite 84) schmecken sie herrlich.

Spaghetti auf Gemüse

Zubereitungszeit:
ca. 1 Std.

Für 1 Person

Für das Gemüse:

1 kleine Zwiebel
nach Belieben 1 Knoblauchzehe
1 EL kaltgepreßtes Olivenöl
100 g Champignons
½ Aubergine (150 g küchenfertig)
1 kleine Paprikaschote
1 kleiner Zucchino
1 TL Oregano
1 TL Rosmarin
1 Msp. Cayennepfeffer
1 TL vegetarische Gemüsebrühe (Instantpulver)
2 EL süße Sahne
2 EL gehacktes Basilikum

Außerdem:

60 g rohe Vollkornspaghetti
Meersalz

1. Die Zwiebel schälen und in feine Ringe schneiden. Nach Belieben den Knoblauch schälen und zerdrücken. Beides im Öl glasig dünsten.
2. Die Pilze in feine Scheiben schneiden. Die halbe Aubergine, die Paprikaschote und den Zucchino putzen und in Würfel schneiden.
Nun bereits leicht gesalzenes Kochwasser für die Nudeln aufsetzen.
3. Die Pilze und das Gemüse zu den Zwiebeln geben und alles bei geringer Hitzezufuhr unter Rühren etwa 10 Minuten dünsten.
4. Die Spaghetti in 10 bis 12 Minuten bißfest garen.
5. Das Gemüse mit dem Oregano, dem Rosmarin, dem Cayennepfeffer und der Instantbrühe kräftig abschmecken. Mit der Sahne verfeinern und auf einen Teller geben.
6. Die Nudeln abgießen und auf dem Gemüse anrichten. Das Basilikum darüberstreuen.
(auf dem Foto: oben)

ca. 470 kcal • 1970 kJ

Makkaroni „Napoli"

Zubereitungszeit:
ca. 1 Std. 10 Min.

Für 2 Personen

Für die Sauce:
1 Aubergine
(300 g küchenfertig)
1 Zwiebel
nach Belieben 2 Knoblauchzehen
1 rote Paprikaschote
2 EL kaltgepreßtes Olivenöl
1 TL Rosmarin
1 TL Chillipulver
1 TL Kräuter der Provence
1 TL vegetarische Gemüsebrühe (Instantpulver)
2 reife Tomaten

Außerdem:
100 g rohe Vollkornmakkaroni, Meersalz
einige Basilikumblätter

1. Den Backofen auf 220 °C vorheizen. Den Stielansatz der Aubergine abschneiden und die Frucht in Alufolie wickeln (matte Seite nach außen). Die Aubergine in den Ofen legen und in etwa 40 Minuten garen.
2. In der Zwischenzeit die Zwiebel und – nach Belieben den Knoblauch schälen und würfeln. Das Kerngehäuse der Paprikaschote entfernen, das Fruchtfleisch zerkleinern und alles zusammen im Öl anbraten.
3. Das Gemüse mit dem Rosmarin, dem Chillipulver, den Kräutern der Provence und der Instantbrühe abschmecken und vom Herd nehmen.
4. Die gegarte Aubergine aus der Folie nehmen, die Haut abziehen und das Fruchtfleisch kleinschneiden. Es zu der Gemüsemischung geben, alles mit dem Schneidstab pürieren und dann erkalten lassen.
5. Die Stielansätze der Tomaten entfernen, die Tomaten vierteln und ebenfalls pürieren. Das Tomatenmus nach Belieben durch ein Sieb streichen, zur kalten Gemüsesauce geben und sie eventuell noch nachwürzen.
6. Die Nudeln in leicht gesalzenem Wasser in 10 bis 12 Minuten bißfest garen. Sie dann abgießen, gut abtropfen lassen und zusammen mit der kalten Gemüsesauce anrichten. Mit einigen in Streifen geschnittenen Basilikumblättern garnieren.

ca. 325 kcal • 1355 kJ

Nudelsalat mit Pilzen

Zubereitungszeit:
ca. 50 Min.

Für 2 Personen

100 g rohe Vollkorn-nudeln (Hörnchen oder eine andere Sorte kleiner Nudeln)
250 g Steinpilz-champignons
1½ EL Butter
2 TL Pizzagewürz
1 EL vegetarische Gemüse-brühe (Instantpulver)
2 Tomaten
1 gelbe Paprikaschote
1 Peperoni

Für die Sauce:
175 g Sahnedickmilch
2 TL vergorenes Molke-konzentrat (Molkosan)
nach Belieben 1 Knob-lauchzehe
Kräutersalz

Außerdem:
6 schwarze Oliven
einige Basilikumblätter

1. Die Nudeln in leicht gesalzenem Wasser in 12 bis 15 Minuten bißfest garen.
2. Inzwischen die Pilze in feine Scheiben schneiden. Die Butter in einer Pfanne zerlassen und die Pilze bei mittlerer Hitzezufuhr darin so lange braten, bis die austretende Flüssigkeit verdampft ist.
3. Die Pilze mit dem Pizzagewürz und der Instantbrühe abschmecken und abkühlen lassen. Die Nudeln abgießen, abtropfen und ebenfalls abkühlen lassen.
4. Nun die Stielansätze der Tomaten entfernen und das Fruchtfleisch fein würfeln. Die Kerngehäuse der Paprikaschote und des Peperonis entfernen und das Fruchtfleisch in feine Streifen schneiden.
5. Für die Salatsauce die Sahnedickmilch mit dem Molkekonzentrat verrühren. Nach Belieben die Knoblauchzehe durch eine Presse dazudrücken und alles mit Kräutersalz würzen.
6. Die Sauce mit allen vorbereiteten Salatzutaten mischen. Die Oliven auf den Salat geben und ihn mit den Basilikumblättern garnieren.

ca. 460 kcal • 1915 kJ

Reis mit Pilzgemüse

Quellzeit: ca. 8 Std.
Zubereitungszeit: ca. 3/4 Std.

Für 2 Personen

- 100 g roher Naturreis
- 400 g gemischte Pilze (Austernpilze, Steinpilzchampignons, Pfifferlinge)
- 1 Zwiebel
- 1 1/2 EL Butter
- 2 geh. EL feines Dinkel- oder Weizenvollkornmehl
- 1/4 l vegetarische Gemüsebrühe (aus Instantpulver zubereitet)
- 3 EL saure Sahne
- 2 EL gehackte Petersilie oder Kerbel

1. Den Reis mit Wasser bedecken und für 8 Stunden oder über Nacht quellen lassen. Den Reis am nächsten Tag in etwa 25 Minuten bei geringer Hitzezufuhr garen.
2. Inzwischen die Pilze putzen und zerkleinern. Die Zwiebel schälen und fein würfeln.
3. Die Butter in einer Pfanne zerlassen und die Zwiebelwürfel darin glasig dünsten.
4. Die Pilze hinzufügen, mit dem Vollkornmehl bestäuben und die Gemüsebrühe unter Rühren dazugießen. Das Ganze in der geschlossenen Pfanne 15 bis 20 Minuten lang köcheln lassen.
5. Das Pilzgemüse danach mit der Sahne verfeinern und zusammen mit dem Reis anrichten. Die Petersilie darüberstreuen.
(auf dem Foto: oben)

ca. 160 kcal • 665 kJ

Gemüse-Pilz-Pfanne

Zubereitungszeit: ca. 40 Min.

Für 1 Person

- 3 kleine Möhren
- 1 Zucchino
- 125 g Austernpilze
- 100 g Zuckererbsen (Kaiserschoten)
- 1 EL Butter
- 1 1/2 TL vegetarische Gemüsebrühe (Instantpulver)
- 1 TL Currypulver
- 4 EL süße Sahne
- 1 Eigelb
- 2 EL Hirseflocken
- 3 EL gemischte, gehackte Kräuter (Petersilie, Liebstöckel, Majoran)

1. Die Möhren schälen und in dünne Scheiben schneiden. Den Stielansatz des Zucchinos abschneiden, die Austernpilze, wenn nötig, putzen.
2. Den Zucchino in Scheiben schneiden und die Austernpilze in grobe Stücke teilen. Die Zuckererbsen putzen.
3. Die Butter in einer Pfanne zerlassen und die Möhrenscheiben darin bei mittlerer Hitzezufuhr andünsten. Das vorbereitete Gemüse dazugeben und alles 8 bis 10 Minuten dünsten.
4. Das Ganze nun mit der Instantbrühe und dem Curry abschmecken. Die Sahne mit 8 Eßlöffeln Wasser, dem Eigelb und den Hirseflocken verquirlen. Die Sahnesauce in das Gemüse rühren, alles kurz aufkochen lassen und mit den Kräutern bestreuen.
(auf dem Foto: Mitte)

ca. 535 kcal • 2250 kJ

Pfifferlingshirsotto

Zubereitungszeit: ca. 1 Std.

Für 2 Personen

- 1 Zwiebel
- 1 Stange Lauch
- 1 1/2 EL Butter
- 300 g Pfifferlinge oder andere frische Pilze
- 1/2 l vegetarische Gemüsebrühe (aus Instantpulver zubereitet)
- 100 g Hirse
- 1 Msp. geriebene Muskatnuß
- 2 EL saure Sahne
- 2 EL gehackte Petersilie

1. Die Zwiebel schälen, den Lauch putzen und beides in kleine Würfel beziehungsweise in dünne Ringe schneiden.
2. Zwiebel und Lauch in der Butter andünsten. Inzwischen die Pilze putzen, größere halbieren und alle zum Zwiebel-Lauch-Gemüse geben. Kurz mit andünsten und dann die Gemüsebrühe angießen.
3. Die Hirse mit heißem Wasser waschen, zu den Pilzen geben und alles im geschlossenen Topf 25 bis 30 Minuten köcheln lassen. Zwischendurch umrühren.
4. Das Ganze mit wenig Muskatnuß würzen. Die saure Sahne zuletzt hineinrühren und die Petersilie darüberstreuen.
(auf dem Foto: unten)

ca. 320 kcal • 1345 kJ

Hinweis
Essen Sie dazu einen kleinen, neutralen Salat (Seite 48 bis 52).

Gratinierte Champignons

Zubereitungszeit:
ca. ¾ Std.
Garzeit im Ofen:
10–15 Min.

Für 2 Personen

- 8 große Champignons
- 1 TL Kräutersalz
- 80 g Hirse
- 1 Zwiebel
- 2 EL Butter
- nach Belieben 2 Knoblauchzehen
- 600 g geputzter Blattspinat
- 4 EL Pinienkerne oder gehackte Mandeln
- 1 EL vegetarische Gemüsebrühe (Instantpulver)
- 4 EL süße Sahne
- 160 g Butterkäse 60% Fett i.Tr.

1. Die Champignons putzen, die Stiele herausdrehen und fein hacken. Die Köpfe ganz lassen, mit wenig Kräutersalz würzen und beiseite stellen.
2. Die Hirse mit heißem Wasser abwaschen. Die Zwiebel schälen und fein würfeln. Beides zusammen in der Butter kurz andünsten. Die gehackten Champignonstiele hinzufügen und nach Belieben die Knoblauchzehen durch eine Presse dazudrücken.
3. Alles 5 bis 8 Minuten schmoren lassen. Dann mit ½ l Wasser auffüllen und zugedeckt 20 bis 25 Minuten köcheln lassen, bis die Hirse aufgequollen und weich ist.
4. In der Zwischenzeit den Blattspinat putzen, kurz in kochendem Wasser blanchieren, abtropfen lassen und danach in grobe Stücke schneiden.
5. Den Spinat zusammen mit den Pinienkernen oder den Mandeln zur Hirse geben und das Ganze mit der Instantbrühe abschmecken. Die Sahne darunterrühren.
6. Den Backofen auf 200°C vorheizen. Die Champignonköpfe mit einem Teil der Hirse-Spinat-Mischung füllen. Den Rest in eine Auflaufform geben und die gefüllten Champignonköpfe darauf setzen.
7. Den Käse in dünne Scheiben schneiden, sie über die Champignons und das Gemüse verteilen und das Ganze 10 bis 15 Minuten im Ofen überbacken.
(auf dem Foto: oben)

ca. 775 kcal • 3235 kJ

Buntes Gemüse auf Reis

Quellzeit: ca. 8 Std.
Zubereitungszeit:
ca. 1¼ Std.

Für 2 Personen

- 100 g roher Naturreis
- 6 Schwarzwurzeln (300 g küchenfertig)
- 1 Schuß Essig
- 2–3 Möhren
- 2 EL Butter
- 150 g kleine Champignons
- 150 g frische oder TK-Erbsen
- ¼ l vegetarische Gemüsebrühe (aus Instantpulver zubereitet)
- nach Belieben 3–4 Meßlöffel pflanzliches Bindemittel (aus dem Reformhaus)
- 50 g süße Sahne
- 1 Eigelb
- 3 EL gehackte Petersilie

1. Den Reis mit Wasser bedecken und für 8 Stunden oder über Nacht quellen lassen.
2. Am nächsten Tag den Reis im geschlossenen Topf in etwa 25 Minuten bei milder Hitzezufuhr garen.
3. In der Zwischenzeit die Schwarzwurzeln dünn schälen oder schaben, dabei nach Möglichkeit die Hände mit Gummihandschuhen schützen, da die beim Putzen austretende Milch auf der Haut dunkle Flecken hinterläßt. Die Schwarzwurzeln in Stücke schneiden und diese sofort in Essigwasser (½ l Wasser mit 1 guten Schuß Essig mischen) geben, damit sie sich nicht verfärben.
4. Die Möhren schälen, in dünne Scheiben schneiden und in der zerlassenen Butter andünsten. Die Champignons, die Erbsen und die Schwarzwurzeln hinzufügen.
5. Die Gemüsebrühe angießen und das Gemüse 15 bis 20 Minuten lang köcheln lassen.
6. Nach Belieben das pflanzliche Bindemittel in das Gemüse rühren, alles kurz aufkochen lassen und so leicht binden.
7. Die Sahne mit dem Eigelb verquirlen und in das Gemüse rühren. Es danach nicht mehr kochen lassen. Das Gemüse auf dem Reis anrichten und die Petersilie darüberstreuen.
(auf dem Foto: unten)

ca. 525 kcal • 2205 kJ

Tip
Um seine Hände zu schonen, kann man die gereinigten, ungeschälten Schwarzwurzeln auch in etwa 20 Minuten in Essigwasser garen. Die Schale läßt sich anschließend leicht abziehen.

Reissalat

Quellzeit: ca. 8 Std.
Zubereitungszeit:
ca. 50 Min.

Für 2 Personen

100 g roher Naturreis
1 gelbe Paprikaschote
1 Salatgurke
3 Tomaten
125 g kleine Champignons
2 EL Sonnenblumenkerne

Für die Sauce:

175 g Sahnedickmilch
1 EL vergorenes Molkekonzentrat (Molkosan)
1 TL Frutilose
1 TL Kräutersalz
3 EL gemischte, gehackte Kräuter (Dill, Basilikum, Petersilie)

Außerdem:

5 EL Sojabohnensprossen (selbstgezogen, siehe Seite 21, oder gekauft)

1. Den Reis mit Wasser bedecken und für etwa 8 Stunden oder über Nacht quellen lassen.
2. Am nächsten Tag den Reis bei milder Hitzezufuhr im geschlossenen Topf in etwa 25 Minuten garen. Ihn dann in ein Sieb geben, mit kaltem Wasser abbrausen und gut abtropfen lassen.
3. Das Kerngehäuse der Paprikaschote entfernen und die Schote in dünne Streifen schneiden.
4. Die Gurke schälen, der Länge nach vierteln und in etwa 1 cm breite Stücke schneiden.
5. Die Stengelansätze der Tomaten entfernen und die Früchte achteln. Die Champignons in dünne Scheiben schneiden.
6. Das vorbereitete Gemüse mit dem Reis und den Sonnenblumenkernen mischen.
7. Die Sahnedickmilch mit dem Molkekonzentrat, der Frutilose und dem Kräutersalz verrühren.
8. Die Kräuter daruntermischen und die Sauce zu den Salatzutaten geben. Alles gut mischen und den Salat mit den Sojabohnensprossen bestreuen.
(auf dem Foto: unten)

ca. 390 kcal • 1635 kJ

Gemüsepilaw

Quellzeit: ca. 8 Std.
Zubereitungszeit:
ca. 3/4 Std.

Für 2 Personen

100 g roher Naturrundkornreis
1 Zwiebel
1½ EL Butter
400 ml vegetarische Gemüsebrühe (aus Instantpulver zubereitet)
200 g TK-Maiskörner
200 g frische oder TK-Erbsen
1 Msp. Safran
100 g süße Sahne
2 EL gehackte glattblättrige Petersilie
2 EL Mandelblättchen

1. Den Reis mit Wasser bedecken und für etwa 8 Stunden oder über Nacht quellen lassen.
2. Am nächsten Tag den Reis kurz abspülen und auf einem Sieb abtropfen lassen.
3. Die Zwiebel schälen, fein würfeln und in der Butter glasig dünsten. Den abgetropften Reis hinzufügen, die Gemüsebrühe angießen und alles im geschlossenen Topf etwa 20 Minuten köcheln lassen.
4. Den Mais und die Erbsen hinzufügen, alles weitere 5 Minuten köcheln lassen und dabei immer wieder auflockern.
5. Den Safran unter das Pilaw rühren und es mit der Sahne verfeinern. Die Petersilie daruntermischen und das Gericht mit den Mandelblättchen bestreuen.
(auf dem Foto: oben)

ca. 630 kcal • 2640 kJ

Hinweis
Essen Sie dazu einen kleinen, neutralen Salat (Seite 48 bis 52).

Gefüllte Haferflockenbratlinge mit Knoblauchsauce

Zubereitungszeit:
ca. ½ Std.

Für 1–2 Personen

Für die Bratlinge:

80 g Haferkörner oder kernige Haferflocken
1 Zwiebel
1 TL Butter
150 ml vegetarische Gemüsebrühe (aus Instantpulver zubereitet)
etwas Selleriesalz
1 TL Paprikapulver edelsüß
2 EL gehackte Petersilie
30 g vollfetter Gorgonzola
1 EL Vollkornsemmelbrösel
1½ EL ungehärtetes Kokosfett

Für die Sauce:

½ Becher Sahnedickmilch (62,5 g)
1 Knoblauchzehe
etwas Kräutersalz

1. Die Haferkörner mit einem Flocker zu Flocken quetschen. (Wem kein Flocker zur Verfügung steht, der kann auch kernige Haferflocken verwenden.)
2. Die Zwiebel schälen, sehr fein würfeln und in der Butter glasig dünsten.
3. Die Haferflocken dazugeben und die Gemüsebrühe angießen. Das Ganze unter Rühren so lange kochen lassen, bis ein dicker Brei entsteht.
4. Den Brei mit dem Selleriesalz, dem Paprikapulver und der Petersilie verrühren, gut durchkneten und für einige Minuten durchziehen lassen.
5. Inzwischen die Knoblauchsauce zubereiten. Dafür die Sahnedickmilch mit einem Schneebesen glattrühren.
6. Die Knoblauchzehe durch eine Presse dazudrücken und die Sauce mit Kräutersalz würzen.
7. Nun aus dem Brei mit angefeuchteten Händen zwei Bratlinge formen, jeweils die Hälfte des Gorgonzolas in die Mitte drücken und die Bratlinge verschließen.
8. Sie in den Semmelbröseln wenden und in dem Fett so lange braten, bis sie knusprig sind.
(auf dem Foto: unten)

1 Bratling mit Sauce enthält ca. 410 kcal • 1715 kJ

Gemüsepaella

Quellzeit: ca. 8 Std.
Zubereitungszeit:
ca. ¾ Std.

Für 2 Personen

100 g roher Naturreis
2 rote Paprikaschoten
200 g frische Champignons
2 Zwiebeln
1 EL kaltgepreßtes Olivenöl
2 Stangen Lauch
4 EL grüne TK-Erbsen
2 Knoblauchzehen
2 TL vegetarische Gemüsebrühe Instantpulver)
½ TL Safranpulver
4 EL Sahnedickmilch
2 EL gehackte Petersilie

1. Den Reis mit Wasser bedecken und für etwa 8 Stunden oder über Nacht quellen lassen.
2. Am nächsten Tag den Reis bei geringer Hitzezufuhr im geschlossenen Topf in etwa ½ Stunde garen.
3. Inzwischen die Paprikaschoten in Streifen und die Champignons in dünne Scheibchen schneiden.
4. Die Zwiebeln schälen, würfeln und in dem Öl glasig dünsten. Währenddessen den Lauch in Ringe schneiden und zu den Zwiebeln geben.
5. Die Paprikastreifen, die Erbsen, die zerdrückten Knoblauchzehen und die Champignons daruntermischen.
6. ¼ l Wasser dazugießen, alles mit der Gemüsebrühe abschmecken und in etwa ¼ Stunde garen.
7. Den Reis unter das Gemüse mischen und alles etwa 5 Minuten lang durchziehen lassen.
8. Zum Schluß den Safran und die Sahnedickmilch darunterrühren und die Paella mit der Petersilie bestreuen.
(auf dem Foto: oben)

ca. 450 kcal • 1980 kJ

Kartoffel-Käse-Gratin

Zubereitungszeit:
ca. 1 Std.

Für 2 Personen

400 g Kartoffeln
4 EL süße Sahne
80 g Gorgonzola oder Camembert 60 % Fett i.Tr.
2 TL vegetarische Gemüsebrühe (Instantpulver)
1 Msp. Cayennepfeffer
nach Belieben 1 TL gehackte Liebstöckel- oder Majoranblättchen

1. Die Kartoffeln waschen und in etwa ¼ Stunde als Pellkartoffeln vorgaren. Sie anschließend leicht abkühlen lassen, pellen und in gleich dicke Scheiben schneiden.
2. Die Kartoffelscheiben dachziegelartig in eine flache Gratinform schichten. Den Backofen auf 160 °C vorheizen.
3. Etwa 200 ml Wasser mit der Sahne mischen. Den Käse in kleine Würfel schneiden und hineingeben.
4. Das Ganze mit der Gemüsebrühe und dem Cayennepfeffer abschmekken und über die Kartoffeln gießen.
5. Nach Belieben den Liebstöckel oder den Majoran darüberstreuen und das Gratin 18 bis 20 Minuten überbacken, bis sich eine goldgelbe Kruste gebildet hat.
(auf dem Foto: Mitte)

ca. 405 kcal • 1695 kJ

Hinweis
Wählen Sie zu dem Gratin einen neutralen Salat (Rezepte Seite 48 bis 52).

Pizza romana

Zubereitungszeit:
ca. 1 Std. 20 Min.
Backzeit: ca. ¼ Std.

Für 2 Personen

Für den Teig:
- 25 g frische Hefe
- 200 g feines Dinkel- oder Weizenvollkornmehl
- 1 TL Kümmelpulver
- 1 TL Korianderpulver
- ½ TL Meersalz
- 1 TL kaltgepreßtes Sonnenblumenöl
- etwas Butter für die Form

Für den Belag:
- 1 grüne Paprikaschote
- 1 rote Paprikaschote
- 1 kleine Fenchelknolle
- 1 kleine Stange Lauch
- 1 Gemüsezwiebel
- 1 EL kaltgepreßtes Olivenöl
- 1 TL Kräutersalz
- 1–2 TL gerebelter Oregano oder Pizzagewürz
- nach Belieben 1 Knoblauchzehe
- 1 TL vegetarische Gemüsebrühe (Instantpulver)
- 60 g Käse 60 % Fett i.Tr. (Rahmgouda oder Mozzarella)
- 3 EL gemischte, gehackte Kräuter (Majoran, Basilikum, Thymian, Petersilie)

1. Die Hefe in 130 ml warmem Wasser auflösen und mit der Hälfte des Vollkornmehls zu einem Vorteig verrühren. Diesen etwa 20 Minuten an einem warmen Ort gehen lassen.
2. Anschließend das restliche Mehl, den Kümmel, den Koriander, das Meersalz und das Sonnenblumenöl hinzufügen und alles zu einem geschmeidigen Teig verkneten.
3. Eine Pizzaform (28 cm ⌀) mit Butter ausfetten, den Teig gleichmäßig auf dem Boden verteilen und mit einer Gabel mehrmals einstechen. Ihn anschließend nochmals zugedeckt an einem warmen Ort so lange gehen lassen, bis er etwa doppelt so dick ist (ca. 20 Minuten lang).
4. Inzwischen die Paprikaschoten, den Fenchel, den Lauch und die Zwiebel putzen und alles in feine Streifen beziehungsweise in dünne Scheiben schneiden.
5. Das Gemüse in dem Olivenöl andünsten und mit dem Kräutersalz, dem Oregano oder dem Pizzagewürz abschmecken. Nach Belieben die Knoblauchzehe durch eine Presse dazudrücken.
6. Den Backofen auf 200 °C vorheizen. Das Gemüse auf dem Teig verteilen und die Instantbrühe darüberstreuen.
7. Die Pizzaform in den Backofen stellen und die Pizza in etwa ¼ Stunde backen.
8. Den Käse in Streifen schneiden, sie mit den Kräutern mischen und alles auf der Pizza verteilen. Sie dann weitere 8 Minuten backen, bis der Käse goldgelb ist.
9. Die Pizza in 8 Stücke teilen und nach Belieben einen kleinen, neutralen Salat dazu essen.

ca. 620 kcal • 2605 kJ

Zwiebelkuchen

Zubereitungszeit:
ca. 1 Std.
Backzeit: ca. 35 Min.

Für 4 Personen

Für den Teig:
- 25 g frische Hefe
- 200 g feines Dinkel- oder Weizenvollkornmehl
- ½ TL Meersalz
- 1 TL kaltgepreßtes Sonnenblumenöl
- etwas Butter für die Springform

Für den Belag:
- 1 kg Gemüsezwiebeln
- 1 EL ungehärtetes Pflanzenfett
- 100 g süße Sahne
- 2 Eigelb
- 80 g Käse 60% Fett i.Tr. (Rahmgouda oder Mozzarella)
- ½ TL geriebene Muskatnuß
- 1 Msp. Cayennepfeffer
- 1 TL Kräutersalz
- 1 TL Kümmel
- 1 TL Koriander

1. Die Hefe in 130 ml warmem Wasser auflösen und mit der Hälfte des Vollkornmehls zu einem Vorteig verrühren. Ihn etwa 20 Minuten zugedeckt an einem warmen Ort gehen lassen.
2. Anschließend das restliche Mehl, das Meersalz und das Öl hinzufügen und alles zu einem geschmeidigen Teig verkneten. Ihn zugedeckt an einem warmen Ort so lange gehen lassen, bis sich sein Volumen verdoppelt hat (dies dauert in der Regel etwa 20 Minuten).
3. In der Zwischenzeit die Zwiebeln in feine Ringe schneiden. Das Fett in einer Pfanne erhitzen und die Zwiebelringe darin glasig dünsten.
4. Die Sahne mit 50 ml Wasser mischen und mit den Eigelben verquirlen.
5. Den Käse in kleine Würfel schneiden und zu der Sahne-Ei-Mischung geben. Sie mit Muskatnuß, Cayennepfeffer, Kräutersalz, Kümmel und Koriander würzen.
6. Die Sahnesauce zu den Zwiebeln gießen und alles gut verrühren.
7. Den Backofen auf 180 °C vorheizen. Den Teig nochmals kurz durchkneten, eine mit Butter gefettete Springform (26 cm ⌀) damit auslegen und den Teig am Rand etwas hochdrücken.
8. Die Zwiebelmischung gleichmäßig auf dem Teigboden verteilen, die Springform in den Ofen stellen und den Zwiebelkuchen in etwa 35 Minuten backen.

ca. 480 kcal • 2015 kJ

Hinweis
Essen Sie dazu einen kleinen, neutralen Salat (Seite 48 bis 52).

Tip
Zwiebelkuchen ist warm oder kalt eine köstliche Zwischenmahlzeit. Das Rezept ergibt dann acht Portionen.

Fladen mit Schafskäsefüllung

Zubereitungszeit:
ca. 1 ½ Std.

Für 4 Personen

500 g feines Dinkelvollkornmehl
2 TL Meersalz
250 g milder, weicher Schafskäse
160 ml kaltgepreßtes Sonnenblumenöl oder Olivenöl
8 TL Honig

1. Das Dinkelmehl nach und nach mit 300 ml Wasser und dem Meersalz zu einem geschmeidigen Teig verkneten. Ihn für etwa ¼ Stunde ruhen lassen.
2. Den Teig danach in acht gleich große Stücke schneiden und sie zu Kugeln formen.
3. In die Mitte jeder Kugel eine Vertiefung drücken und ein Achtel des Schafskäses hineingeben. Die Teigkugeln dann gut verschließen.
4. Die Kugeln vorsichtig zu flachen Fladen drükken, dabei darf aber die Füllung nicht herauskommen.
5. Pro Fladen 2 Eßlöffel Öl in einer Pfanne erhitzen und die Fladen unter Wenden darin knusprig braun ausbacken. Sie dann nach Belieben mit Honig bestreichen und heiß essen.
(auf dem Foto: oben)

ca. 620 kcal • 2605 kJ

Hinweis
Essen Sie vorweg einen neutralen Salat (Seite 48 bis 52).

Bunte Pizzabrote

Zubereitungszeit:
ca. ½ Std.

Für 2 Personen

1 Zwiebel
100 g Champignons
1 gelbe Paprikaschote
1 EL kaltgepreßtes Olivenöl
1 TL Oregano
1 TL Kräutersalz
4 Scheiben Vollkornbrot (à 40 g)
2 EL Butter
80 g Butterkäse 60 % Fett i.Tr.
3 rote Paprikaschoten

1. Die Zwiebel schälen und in dünne Ringe, die Champignons in feine Scheiben schneiden.
2. Das Kerngehäuse der Paprikaschote entfernen und die Schote in schmale Streifen schneiden.
3. Das vorbereitete Gemüse in dem Öl andünsten und mit Oregano und Kräutersalz würzen. Inzwischen den Backofen auf 180 °C vorheizen.
4. Die Brote dünn mit der Butter bestreichen und mit dem Gemüse belegen. Den Käse in feine Streifen schneiden, auf dem Gemüse verteilen und die Brote anschließend im Ofen etwa 8 Minuten überbacken.
5. Die Kerngehäuse der roten Paprikaschoten entfernen, die Schoten in Streifen schneiden und zu dem Brot essen.
(auf dem Foto: Mitte)

ca. 475 kcal • 1980 kJ

Grünkernknödel mit Sauerkraut Holstener Art

Zubereitungszeit:
ca. 1 3/4 Std.

Für 2 Personen

Für die Knödel:
- 1 Zwiebel
- 1 1/2 EL Butter
- 160 g mittelfeines Grünkernschrot
- 1 1/2 EL vegetarische Gemüsebrühe (Instantpulver)
- 1 TL gehacktes Liebstöckel
- 1 Knoblauchzehe
- 3 EL gehackte Petersilie
- 2 EL Sonnenblumenkerne
- 1 Eigelb

Für das Sauerkraut:
- 1 kleine Zwiebel
- 1 EL kaltgepreßtes Sonnenblumenöl
- 600 g Sauerkraut
- 1 EL vegetarischer, schmalzähnlicher Brotaufstrich (im Reformhaus oder in Naturkostläden unter der Bezeichnung „Holstener Liesl" erhältlich)
- 5 Wacholderbeeren
- 1 TL Kümmel
- 1 Lorbeerblatt

Außerdem:
- 3 EL Kartoffelstärke

1. Für die Knödel die Zwiebel schälen, sehr fein würfeln und in der Butter glasig dünsten.
2. Das Grünkernschrot darüberstreuen, alles rasch miteinander verrühren und 1/4 l Wasser angießen. Das Ganze unter Rühren bei geringer Hitzezufuhr aufkochen lassen. Mit der Instantbrühe und dem Liebstöckel mischen, den Knoblauch durch eine Knoblauchpresse dazudrücken.
3. Dann die Petersilie zusammen mit den Sonnenblumenkernen und dem Eigelb unter den Grünkernteig mischen und ihn unter Rühren so lange erwärmen, bis ein dicker, fester Brei entstanden ist. Den Topf vom Herd nehmen und die Grünkernmasse für etwa 1 Stunde quellen lassen.
4. Inzwischen das Sauerkraut zubereiten. Dafür die Zwiebel schälen, fein würfeln und in dem Öl glasig dünsten.
5. Das Sauerkraut kleinschneiden, zu der Zwiebel geben und leicht mit andünsten.
6. Den Brotaufstrich im Sauerkraut schmelzen lassen und 1/8 l Wasser angießen. Die Wacholderbeeren, den Kümmel und das Lorbeerblatt hinzufügen. Das Kraut zugedeckt etwa 20 Minuten lang schmoren lassen.
7. Inzwischen 800 ml leicht gesalzenes Wasser zum Kochen bringen. Die Kartoffelstärke mit wenig Wasser glattrühren und in das siedende Wasser geben.
8. Aus der Grünkernmasse mit angefeuchteten Händen kleine Knödel formen und sie in dem Wasser im offenen Topf in etwa 10 Minuten garziehen lassen.
9. Vor dem Servieren das Lorbeerblatt aus dem Sauerkraut entfernen und das Kraut zusammen mit den Knödeln anrichten.
(auf dem Foto: unten)

ca. 590 kcal • 2470 kJ

Blumenkohl-Pilz-Gemüse mit Dinkel

Quellzeit: ca. 8 Std.
Zubereitungszeit:
ca. 1 Std.

Für 2 Personen

40 g Dinkelkörner	
1 Blumenkohl (500 g küchenfertig)	
Meersalz	
200 g Champignons	
4 Frühlingszwiebeln	
2 EL Butter	
¼ l vegetarische Gemüsebrühe (aus Instantpulver zubereitet)	
100 g saure Sahne	
1–2 TL Currypulver	
3 EL gehackte Petersilie	

1. Den Dinkel mit Wasser bedecken und für etwa 8 Stunden oder über Nacht quellen lassen.
2. Am nächsten Tag den Dinkel bei geringer Hitzezufuhr im geschlossenen Topf in etwa 25 Minuten garen.
3. Inzwischen den Blumenkohl putzen und in Röschen teilen. Sie in wenig leicht gesalzenem Wasser in 8 bis 10 Minuten garen.
4. Die Champignons in dünne Scheiben und die Frühlingszwiebeln in feine Ringe schneiden.
5. Die Butter in einer Pfanne zerlassen und die Champignons und die Zwiebeln darin leicht anbraten.
6. Die Blumenkohlröschen hinzufügen und unter Rühren kurz mitbraten. Die Gemüsebrühe angießen und alles etwa 5 Minuten köcheln lassen.
7. Den gegarten Dinkel daruntermischen. Die saure Sahne mit dem Curry verrühren und unter das Gemüse ziehen. Die Petersilie darüberstreuen.
(auf dem Foto: unten)

ca. 295 kcal • 1245 kJ

Dinkelsalat mit Schafskäse

Quellzeit: ca. 8 Std.
Zubereitungszeit:
ca. ¾ Std.

Für 2 Personen

100 g Dinkelkörner	
1 Salatgurke	
3 Tomaten	
3 Frühlingszwiebeln	
10 schwarze Oliven	
6 EL TK-Maiskörner	
Für die Sauce:	
2 TL vergorenes Molkekonzentrat (Molkosan)	
1 TL Kräutersalz	
1 EL kaltgepreßtes Olivenöl	
Außerdem:	
120 g Schafskäse	
1 Zweig Basilikum	
3 EL gehackte Petersilie	

1. Den Dinkel mit Wasser bedecken und für etwa 8 Stunden oder über Nacht quellen lassen.
2. Am nächsten Tag den Dinkel bei geringer Hitzezufuhr im geschlossenen Topf in etwa 25 Minuten garen und anschließend abkühlen lassen.
3. Die Gurke schälen, der Länge nach halbieren und in Scheiben schneiden. Die Stielansätze der Tomaten entfernen und die Früchte achteln.
4. Die Frühlingszwiebeln putzen und in feine Ringe schneiden. Die Oliven entsteinen.
5. Gurke, Tomaten, Frühlingszwiebeln und Oliven in einer großen Schüssel mischen. Die Mais- und die gegarten Dinkelkörner dazugeben.
6. Für die Sauce das Molkekonzentrat mit 120 ml Wasser und dem Kräutersalz verrühren und dann das Öl darunterschlagen. Die Sauce mit allen Salatzutaten mischen.
7. Den Schafskäse in Würfel schneiden und darauf verteilen. Die Basilikumblättchen und die Petersilie darüberstreuen.
(auf dem Foto: Mitte)

ca. 625 kcal • 2620 kJ

Reisbrei

Quellzeit: ca. 8 Std.
Zubereitungszeit:
ca. 35 Min.

Für 2 Personen

100 g roher Naturrundkornreis	
Meersalz	
175 g Sahnedickmilch	
4 TL Honig	
4 EL ungeschwefelte Rosinen	
2 EL gehackte Mandeln	
1–2 TL Zimt	

1. Den Reis mit Wasser bedecken und für etwa 8 Stunden oder über Nacht quellen lassen.
2. Am nächsten Tag den Reis in leicht gesalzenem Wasser bei geringer Hitzezufuhr im geschlossenen Topf in etwa 25 Minuten garen. Ihn nach Belieben abkühlen lassen.
3. Den Reisbrei mit der Sahnedickmilch, dem Honig und den Rosinen mischen. Mit den Mandeln und dem Zimt bestreuen.
(auf dem Foto: oben)

ca. 375 kcal • 1570 kJ

Hinweis
Essen Sie vorher einen neutralen Salat (Seite 48 bis 52).

Tip
Reis koche ich wegen des Zeitaufwandes immer in etwas größeren Mengen. Man kann ihn sehr gut einfrieren.

Grießklößchen mit Apfelkompott

Zubereitungszeit:
ca. 35 Min.

Für 2 Personen

Für die Klößchen:
40 g gehobelte Mandeln
4 EL süße Sahne
120 g Vollkorngrieß
1 Eigelb
2 EL Honig

Außerdem:
1 TL Meersalz

Für das Kompott:
4–5 mürbe Äpfel
(500 g küchenfertig)
1 kleine Stange Zimt
1 EL Honig
1 TL gemahlener Zimt

1. Die Mandeln ohne Fettzugabe in einer Pfanne goldbraun rösten. 200 ml Wasser und die Sahne angießen und alles aufkochen lassen.
2. Nun den Vollkorngrieß unter Rühren hineinrieseln lassen und ihn bei geringer Hitzezufuhr und unter ständigem Rühren so lange ausquellen lassen, bis die Grießmasse fest und formbar ist (ca. 5 Minuten).
3. Den Grieß etwas abkühlen lassen und dann das Eigelb und den Honig darunterrühren.
4. Leicht gesalzenes Wasser zum Sieden bringen. Mit zwei Teelöffeln von der Grießmasse kleine Klößchen abstechen und sie im siedenden Wasser so lange garziehen lassen, bis sie an der Oberfläche schwimmen (ca. 10 Minuten).
5. In der Zwischenzeit das Kompott zubereiten. Dafür die Äpfel vierteln, schälen und die Kerngehäuse entfernen.
6. Die Apfelstücke zusammen mit 150 ml Wasser in einen Topf geben. Die Zimtstange hinzufügen und alles etwa 10 Minuten köcheln lassen.
7. Die Apfelstücke danach zerstampfen und das Kompott mit dem Schneebesen locker aufschlagen.
8. Das Kompott etwas abkühlen lassen und mit dem Honig süßen. Die Grießklößchen zusammen mit dem Apfelkompott servieren und mit dem Zimt bestäuben.

ca. 600 kcal • 2520 kJ

Mandelpfannkuchen

Zubereitungszeit:
ca. 35 Min.

Für 1 Person

Für die Pfannkuchen:
50 g feines Dinkel- oder Weizenvollkornmehl
1 TL Weinsteinbackpulver
3 EL süße Sahne
1 Eigelb
1 Prise Meersalz

Für die Füllung:
100 g Quark 20% Fett i. Tr.
1 EL Sonnenblumenkerne
1 EL Honig

Außerdem:
2 EL Butter
50 g gehobelte Mandeln

1. Das Mehl mit dem Backpulver mischen. Nach und nach 120 ml Wasser, die Sahne und das Eigelb hinzufügen und alles zu einem dünnflüssigen Teig verrühren.
2. Eine Prise Salz zum Teig geben und ihn für etwa ¼ Stunde quellen lassen.
3. Inzwischen für die Füllung den Quark mit den Sonnenblumenkernen und dem Honig mischen.
4. Die Butter in einer Pfanne schmelzen lassen. Die Hälfte der gehobelten Mandeln dazugeben und leicht rösten.
5. Die Hälfte des Pfannkuchenteigs darüber verteilen und bei mittelstarker Hitzezufuhr 1 bis 2 Minuten backen. Den Pfannkuchen wenden und nochmals 1 bis 2 Minuten backen. So auch den zweiten Pfannkuchen zubereiten.
6. Die Pfannkuchen mit der Quarkcreme bestreichen, zusammenrollen und heiß essen.

ca. 550 kcal • 2300 kJ

Hinweis
Essen Sie vorweg einen neutralen Salat (Seite 48 bis 52).

EIWEISSREICHE HAUPTGERICHTE

Bei den Gerichten in diesem Kapitel sind neutrale Lebensmittel mit denen kombiniert, die im Trennungsplan (Seiten 14 und 15) zu den Eiweißen zählen. Es erwarten Sie hier zum Beispiel mit Käse (bis 50 % Fett i.Tr.) überbakkene Gemüsegerichte, köstliche Eierspeisen, Gerichte mit Geflügel, Rind- und Lammfleisch sowie mit Fisch.
Wie auch im vorhergehenden Kapitel gibt es in diesem auch Salate zum Mitnehmen, die sich leicht vorbereiten lassen.
Herkömmlich zubereitete Gerichte mit Fleisch und Fisch sind zwar meist gehaltvoller als die, in denen Gemüse den Ton angibt, wie Sie aber den Kalorienangaben zu meinen Rezepten entnehmen können, müssen sie keineswegs zwangsläufig „Kalorienbomben“ sein. Sie sollten natürlich beim Einkaufen magere Fleisch- und Fischsorten bevorzugen und auch die Portionen nicht allzu üppig bemessen.
Fleisch und Fisch versorgen unseren Körper mit hochwertigem Eiweiß, liefern ihm Vitamine und Mineralstoffe – sie sind also keineswegs Lebensmittel, auf die man verzichten sollte. Wichtig ist nur, das richtige Maß zu finden. Wie bei vielen Lebensmitteln auch, hat erst der übermäßige Konsum Nachteile.

Zucchiniauflauf

Zubereitungszeit:
ca. 25 Min.
Garzeit im Ofen:
ca. 20 Min.

Für 2 Personen

- 1 Zwiebel
- 1 EL kaltgepreßtes Olivenöl
- 2–3 Zucchini (ca. 500 g küchenfertig)
- 8 reife Tomaten (ca. 500 g)
- 1–2 TL Chilipulver
- 1 TL Kräuter der Provence
- 2 TL vegetarische Gemüsebrühe (Instantpulver)
- nach Belieben 1 Knoblauchzehe
- 150 g geriebener Gouda 45% Fett i.Tr.

1. Die Zwiebel schälen, fein würfeln und im Öl glasig dünsten.
2. Die Stielansätze der Zucchini entfernen, die Zucchini in dünne Scheiben schneiden und zu den Zwiebeln geben. Alles unter ständigem Rühren leicht anbraten und dann vom Herd nehmen.
3. Die Stielansätze der Tomaten entfernen und die Tomaten mit dem Schneidstab pürieren. Das Püree nach Belieben durch ein Sieb streichen.
4. Das Tomatenpüree mit Chilli, Kräutern der Provence und Instantbrühe abschmecken. Nach Belieben die Knoblauchzehe durch eine Presse dazudrücken. Den Backofen auf 180 °C vorheizen.
5. Nun die Zucchini-Zwiebel-Mischung abwechselnd mit der Tomatensauce in eine Auflaufform geben und alles mit dem Käse bestreuen.
6. Den Auflauf in den Ofen stellen und in etwa 20 Minuten backen. Es soll sich eine goldgelbe Kruste bilden.
(auf dem Foto: oben)

ca. 420 kcal • 1750 kJ

Apfel-Zwiebel-Gratin

Zubereitungszeit:
ca. 1 ¼ Std.

Für 2 Personen

- 3-4 mürbe Äpfel
- 3 EL Zitronensaft
- 400 g rote Zwiebeln
- 2 EL ungeschwefelte Rosinen
- 100 g süße Sahne
- 2 Msp. Cayennepfeffer
- ½ TL Meersalz
- 120 g Mozzarella

1. Die Äpfel vierteln, schälen, entkernen, in feine Spalten schneiden und mit dem Zitronensaft beträufeln.
2. Die Zwiebeln in dünne Ringe schneiden.
3. Die Äpfel zusammen mit den Zwiebeln und den Rosinen in eine Auflaufform schichten. Den Backofen auf 200 °C vorheizen.
4. Die Sahne mit dem Cayennepfeffer und dem Salz würzen und über das Apfel-Zwiebel-Gemisch gießen.
5. Die Mozzarella kleinschneiden, darüberstreuen und das Gratin etwa ¾ Stunden lang überbacken.
(auf dem Foto: unten)

ca. 390 kcal • 1605 kJ

Überbackenes Gemüse

Zubereitungszeit:
ca. ¼ Std.
Garzeit im Ofen:
15–20 Min.

Für 2 Personen

- 700 g gemischtes TK-Gemüse (Blumenkohl, Brokkoli, grüne Bohnen, Rosenkohl oder anderes)

Für die Sauce:

- 100 g saure Sahne
- 100 g süße Sahne
- 2 TL vegetarische Gemüsebrühe (Instantpulver)
- 1 Msp. Cayennepfeffer

Außerdem:

- 80 g geriebener Parmesan

1. Den Backofen auf 180 °C vorheizen. Das tiefgekühlte Gemüse in eine Auflaufform geben.
2. Nun aus der sauren und der süßen Sahne, ⅛ l Wasser, der Instantbrühe und dem Cayennepfeffer eine Sauce rühren. Sie mit dem Schneebesen kräftig verschlagen und die Sauce über das Gemüse geben.
3. Den geriebenen Parmesan darüberstreuen, die Form in den Ofen stellen und das Gemüse 15 bis 20 Minuten überbacken.
(auf dem Foto: Mitte)

ca. 445 kcal • 1855 kJ

Überbackener Blumenkohl

Zubereitungszeit: ca. ½ Std.
Garzeit im Ofen: ca. 10 Min.

Für 2 Personen

2 TL vegetarische Gemüsebrühe (Instantpulver)
700 g Blumenkohlröschen
120 g geriebener Gouda 45 % Fett i.Tr.

1. ¼ l Wasser erhitzen, mit der Instantbrühe abschmecken und die Blumenkohlröschen hinzugeben. Sie bei geringer Hitzezufuhr in 12 bis 14 Minuten bißfest garen.
2. Den Backofen auf 200 °C vorheizen. Das Gemüse mit einem Schaumlöffel herausnehmen, in eine Auflaufform geben und etwas Kochbrühe angießen.
3. Den Käse über den Blumenkohl verteilen, die Form in den Ofen stellen und etwa 10 Minuten überbacken, bis der Käse geschmolzen ist.
(auf dem Foto: unten)

ca. 305 kcal • 1290 kJ

Gefüllte Zwiebeln

Zubereitungszeit:
ca. 1 Std.
Garzeit im Ofen:
ca. ¼ Std.

Für 2 Personen

- 4 Gemüsezwiebeln
- 300 g Champignons
- 2 EL Butter
- 2 TL vegetarische Gemüsebrühe (Instantpulver)
- 1 TL Korianderpulver
- 1–2 TL Currypulver
- nach Belieben 1–2 Knoblauchzehen
- 100 g Gouda
- 45 % Fett i. Tr.
- 4 EL saure Sahne
- 1 Zweig Petersilie

1. Die Zwiebeln schälen und im Ganzen in wenig Wasser etwa 10 Minuten dünsten. Das Kochwasser aufheben, die Zwiebeln etwas abkühlen lassen, einen Deckel abschneiden und jede Zwiebel aushöhlen.
2. Die Champignons in feine Blätter schneiden. Die inneren Teile der Zwiebeln und die Deckel fein hacken und in der Butter zusammen mit den Champignon anbraten.
3. Das Ganze mit Instantbrühe, Koriander und Curry mild abschmecken. Nach Belieben den Knoblauch durch eine Presse dazudrücken.
4. Den Backofen auf 160 °C vorheizen. Den Käse in kleine Würfel schneiden, zusammen mit der sauren Sahne zum Gemüse geben und die Zwiebeln damit füllen. Übrige Füllung beiseite stellen.
5. Die gefüllten Zwiebeln in eine Auflaufform setzen, etwas Zwiebelkochwasser angießen und die übrige Füllung in die Form geben.
6. Die Auflaufform in den Ofen stellen und die Zwiebeln in etwa ¼ Stunde backen. Sie dann mit Petersilie garnieren.
(auf dem Foto: oben)

ca. 355 kcal • 1480 kJ

Hinweis
Essen Sie dazu einen frischen, neutralen oder den Eiweißen zugeordneten Salat (Seite 48 bis 57).

Überbackene Auberginen

Zubereitungszeit:
ca. ½ Std.
Garzeit im Ofen:
ca. 50 Min.

Für 2 Personen

- 1 Aubergine (500 g)
- Meersalz
- 8 Tomaten (500 g)
- 3 Eier
- 50 g geriebener Parmesan
- 1 EL kaltgepreßtes Olivenöl
- 1 TL Thymian
- 1 TL Rosmarin
- 1 EL vegetarische Gemüsebrühe (Instantpulver)
- nach Belieben 1–2 Knoblauchzehen
- 125 g Mozzarella

1. Den Stielansatz der Aubergine entfernen und die Frucht in ½ cm dicke Scheiben schneiden.
2. Die Scheiben jeweils auf beiden Seiten leicht salzen, in ein Sieb legen und etwa ½ Stunde lang Saft ziehen lassen.
3. In der Zwischenzeit die Stielansätze der Tomaten entfernen und die Tomaten mit dem Schneidstab pürieren. Das Püree nach Belieben durch ein Sieb streichen.
4. Die Eier schaumig aufschlagen und zu dem Tomatenpüree geben. Den Parmesan, das Öl, 6 Eßlöffel Wasser, Thymian, Rosmarin und Instantbrühe hinzufügen. Nach Belieben die Knoblauchzehen durch eine Presse dazudrücken und alles gut verrühren.
5. Nun den Backofen auf 180 °C vorheizen. Die Auberginenscheiben abtrocknen. Sie abwechselnd mit der Tomatensauce in eine feuerfeste Form geben.
6. Die Mozzarella in Scheiben schneiden und zuletzt auf die Auberginen legen. Die Form in den Ofen stellen und die Auberginen in etwa 50 Minuten backen. Sollte der Käse zu braun werden, die Form abdecken.
(auf dem Foto: Mitte)

ca. 595 kcal • 2490 kJ

Bauernpfanne

Zubereitungszeit:
ca. ¾ Std.

Für 1 Person

1 kleine Stange Lauch
100 g Champignons
1 kleine rote Paprikaschote
1 EL Butter
1 TL vegetarische Gemüsebrühe (Instantpulver)
1 TL Paprikapulver edelsüß
50 g Schafskäse
2 Eier
2 EL süße Sahne
4 EL Mineralwasser
2 EL Schnittlauchröllchen
1 Tomate
4 schwarze Oliven

1. Den Lauch putzen, die Champignons mit einem feuchten Tuch abreiben und beides in feine Ringe beziehungsweise Scheiben schneiden.
2. Das Kerngehäuse der Paprikaschote entfernen und das Fruchtfleisch in feine Streifen schneiden.
3. Die Butter in einer Pfanne zerlassen und das Gemüse darin kurz andünsten. Die Instantbrühe und das Paprikapulver daruntermischen. Den Käse zerbröseln und über das Gemüse verteilen.
4. Nun die Eier trennen. Die Eiweiße steif schlagen und die Eigelbe mit der Sahne und dem Mineralwasser verrühren.
5. Den Eischnee unter die Eigelbmasse heben und alles über das gedünstete Gemüse gießen. Danach nicht mehr umrühren!
6. Das Ei in der geschlossenen Pfanne bei geringer Hitzezufuhr etwa 10 Minuten stocken lassen.
7. Die Bauernpfanne mit den Schnittlauchröllchen bestreuen. Die Tomaten achteln und das Gericht mit Tomatenachteln und Oliven garnieren.
(auf dem Foto: oben)

ca. 640 kcal • 2685 kJ

Gemüseomelett

Zubereitungszeit:
ca. 20 Min.

Für 1 Person

1 rote Paprikaschote
1 Zwiebel
1 EL kaltgepreßtes Sonnenblumenöl
2 Eier
2 EL süße Sahne
½ TL Meersalz
½ TL Paprikapulver edelsüß
1–2 EL Schnittlauchröllchen

1. Das Kerngehäuse der Paprikaschote entfernen und die Schote in feine Streifen schneiden. Die Zwiebel schälen und fein würfeln.
2. Das Öl in einer Pfanne nicht zu stark erhitzen und die Paprikastreifen und die Zwiebelwürfel darin einige Minuten lang bei mäßiger Hitzezufuhr dünsten. Das Gemüse in der Pfanne verteilen.
3. Die Eier mit 5 Eßlöffeln Wasser und der Sahne gut verquirlen und mit dem Meersalz und dem Paprikapulver würzen.
4. Die Schnittlauchröllchen darunterrühren und die Eimasse in die Pfanne über das Gemüse gießen. Die Eimasse bei geringer Hitzezufuhr stocken lassen. Dabei bitte nicht umrühren!
5. Das Omelett auf eine Platte oder einen Topfdekkel gleiten lassen, in die Pfanne stürzen und auch auf der anderen Seite stocken lassen.
(auf dem Foto: unten)

ca. 385 kcal • 1620 kJ

Hinweis
Essen Sie zum Gemüseomelett einen frischen, neutralen oder den Eiweißen zugeordneten Salat (Seite 48 bis 57).

Rühreier mit warmem Gemüsesalat

Zubereitungszeit:
ca. 3/4 Std.

Für 2 Personen

Für den Salat:

1 gelbe Paprikaschote	
1 rote Paprikaschote	
2 Möhren	
150 g Knollensellerie	
1 große Stange Lauch (200 g küchenfertig)	
1/4 l vegetarische Gemüsebrühe (aus Instantpulver zubereitet)	
1 Lorbeerblatt	
1 Knoblauchzehe	
1 TL Thymian	

Für die Sauce:

50 g süße Sahne	
1 EL vergorenes Molkekonzentrat (Molkosan)	
3 EL gemischte, gehackte Kräuter (Petersilie, Kerbel, Estragon)	
1 TL Kräutersalz	
1 Msp. Safran	

Für die Rühreier:

3 Eier	
4 EL Mineralwasser	
2 EL süße Sahne	
1 EL Butter	

Außerdem:

2–3 EL Schnittlauchröllchen	

1. Die Kerngehäuse der Paprikaschoten entfernen und die Schoten in breite Streifen schneiden.

2. Die Möhren und den Sellerie schälen, den Lauch putzen und alles kleinschneiden.

3. Die Gemüsebrühe erhitzen und das Lorbeerblatt, die ganze Knoblauchzehe und den Thymian hineingeben. Das Gemüse in der Brühe in 8 bis 10 Minuten bißfest garen.

4. Das Gemüse mit der Schaumkelle herausheben, das Lorbeerblatt und die Knoblauchzehe entfernen und das Gemüse auf einer Platte warm halten. 100 ml Brühe abkühlen lassen.

5. Für die Sauce die Sahne mit dem Molkekonzentrat und der abgekühlten Brühe verrühren. Die Kräuter hinzufügen, die Sauce mit Kräutersalz und dem Safran abschmecken und über das Gemüse gießen.

6. Nun die Eier aufschlagen und zusammen mit dem Mineralwasser, der Sahne und Kräutersalz gut verquirlen.

7. Die Butter in einer Pfanne schmelzen lassen, die Eimasse hineingießen und bei geringer Hitzezufuhr stocken lassen. Erst nach etwa 3 Minuten umrühren, das Rührei sollte noch etwas feucht sein.

8. Das Rührei zusammen mit dem Gemüsesalat anrichten und alles mit Schnittlauch bestreuen.

ca. 425 kcal • 1785 kJ

Putenrouladen mit Lauch-Mandel-Gemüse

Zubereitungszeit: ca. 1 Std.

Für 2 Personen

Für das Gemüse:

4 Stangen Lauch (500 g küchenfertig)
4 Zwiebeln
1 EL Butter
2 EL vegetarische Gemüsebrühe (Instantpulver)
½ TL Muskatnuß
40 g gehobelte Mandeln
5 EL süße Sahne

Für die Rouladen:

2 Putenschnitzel (à 150 g)
1½ EL ungehärtetes Pflanzenfett

Für die Sauce:

nach Belieben 1–2 Meßlöffel pflanzliches Bindemittel (aus dem Reformhaus)

1. Den Lauch putzen, die Zwiebeln schälen und beides in sehr feine Ringe schneiden.
2. Die Butter in einer Pfanne schmelzen lassen und den Lauch und die Zwiebeln darin kurz andünsten.
3. Das Gemüse mit der Hälfte der Instantbrühe und Muskatnuß abschmecken, die Mandeln hinzufügen und alles mit der Sahne verfeinern.
4. Nun die Schnitzel flachklopfen, waschen, trockentupfen und einen Teil der Gemüsemischung darauf verteilen.
5. Die Schnitzel zu zwei Rouladen zusammenrollen, sie mit Holzspießchen feststecken oder mit Küchengarn zusammenbinden.
6. Das Fett in einem kleinen Bräter erhitzen und die Rouladen darin rundherum anbraten. Danach 200 ml Wasser angießen und die Rouladen im geschlossenen Topf bei nur geringer Hitzezufuhr in 20 bis 25 Minuten garen.
7. Die Bratensauce mit der restlichen Instantbrühe abschmecken, nach Belieben das pflanzliche Bindemittel hineinrühren, die Sauce dann nochmals aufkochen lassen und so leicht binden.
8. Das restliche Lauch-Mandel-Gemüse erwärmen und zusammen mit den Rouladen und der Sauce servieren.

ca. 560 kcal • 2355 kJ

Schweizer Bohnensalat

Zubereitungszeit:
ca. 40 Min.

Für 1 Person

300 g grüne Bohnen
etwas Meersalz

Für die Sauce:
125 g Sahnedickmilch
1 TL vergorenes Molkekonzentrat (Molkosan)
½ TL Kräutersalz
1 kleine Zwiebel
100 g TK-Maiskörner

Außerdem:
60 g Schweizer Emmentaler oder Greyerzer
2 EL gehackte Walnüsse

1. Die Bohnen, wenn nötig, abfädeln, in etwa 3 cm lange Stücke schneiden und in leicht gesalzenem Wasser in etwa 10 Minuten bißfest garen.
2. In der Zwischenzeit die Sahnedickmilch, das Molkekonzentrat und das Kräutersalz verrühren.
3. Die Bohnen abgießen und abkühlen lassen. Die Zwiebel schälen, sehr fein würfeln und zusammen mit den Maiskörnern in die Sauce geben.
4. Die Salatsauce mit den Bohnen mischen. Den Käse in feine Streifen schneiden, in die Mitte auf den Salat geben und ihn mit den gehackten Nüssen bestreuen.
(auf dem Foto: oben)

ca. 750 kcal • 3130 kJ

Tomatensalat mit Rühreiern

Zubereitungszeit:
ca. 25 Min.

Für 2 Personen

Für den Salat:
1 EL kaltgepreßtes Sonnenblumenöl
1 EL vergorenes Molkekonzentrat (Molkosan)
1 TL Kräutersalz
1 Zwiebel
600 g Tomaten
3 EL gehackte Petersilie

Für die Rühreier:
3 Eier
4 EL Mineralwasser
2 EL süße Sahne
½ TL Meersalz
½ Zwiebel
1 EL Butter
3 EL Schnittlauchröllchen

1. Das Sonnenblumenöl mit dem Molkekonzentrat, 200 ml Wasser und Kräutersalz verrühren.
2. Die Zwiebel sehr fein würfeln und die Hälfte zu der Salatsauce geben.
3. Die Stengelansätze der Tomaten entfernen und die Früchte in schöne Scheiben schneiden. Sie auf eine Platte legen, mit der Sauce begießen und mit Petersilie bestreuen.
4. Nun die Eier zusammen mit dem Mineralwasser, der Sahne und dem Meersalz zu einer schaumigen Masse aufschlagen.
5. Die restlichen Zwiebelwürfel in der Butter glasig dünsten. Die Eimasse dazugeben und stocken lassen.
6. Die Eimasse erst nach etwa 3 Minuten vorsichtig umrühren, sie sollte noch etwas feucht sein.
7. Die Rühreier mit Schnittlauch bestreuen. Zum Salat servieren.
(auf dem Foto: Mitte)

ca. 430 kcal • 1815 kJ

Variation
Wer es mag, kann in Streifen geschnittenen Rinderschinken in die Eimasse geben. Er sollte in jedem Fall mit erhitzt werden.

Putenrahmschnitzel mit Butterbohnen

Zubereitungszeit:
ca. 25 Min.

Für 2 Personen

1 EL Butter
600 g grüne TK-Bohnen
1 TL getrocknetes Bohnenkraut
2 TL vegetarische Gemüsebrühe (Instantpulver)
2 Putenschnitzel (à 150 g)
1 TL Kräutersalz
1 EL ungehärtetes Kokosfett
80 g süße Sahne
2 TL grüne Pfefferkörner

1. Die Butter in einem Topf schmelzen lassen, 150 ml Wasser dazugießen und die tiefgekühlten Bohnen hinzufügen.
2. Das Bohnenkraut und die Instantbrühe hineinrühren und die Bohnen im geschlossenen Topf 7 bis 10 Minuten köcheln lassen. Währenddessen gelegentlich umrühren.
3. In der Zwischenzeit die Putenschnitzel waschen, trockentupfen und mit nur wenig Kräutersalz würzen.
4. Das Fett in einer Pfanne erwärmen und die Putenschnitzel darin auf beiden Seiten jeweils 4 bis 5 Minuten anbraten. Sie dann an den Pfannenrand schieben.
5. Die Bohnen aus dem Kochwasser nehmen und warm halten.
6. Nun 50 ml Wasser mit der Sahne mischen und den Bratensatz der Schnitzel damit ablöschen.
7. Zum Schluß die grünen Pfefferkörner darunterrühren und die Sauce eventuell mit etwas Kräutersalz nachwürzen. Die Rahmschnitzel zusammen mit der Sauce und den Butterbohnen servieren.
(auf dem Foto: unten)

ca. 520 kcal • 2190 kJ

Geflügelsalat „Waldorf“

Zubereitungszeit:
ca. 1 Std.

Für 2 Personen

300 g Hähnchenbrustfilets
1 TL vegetarische Gemüsebrühe (Instantpulver)
1 kleine Knolle Sellerie
2 Möhren
2 säuerliche Äpfel
2 EL Zitronensaft
½ frische Ananas (250 g küchenfertig)
6 Walnußkerne

Für die Sauce:
200 g Sahnedickmilch
1 TL Frutilose
2 TL vergorenes Molkekonzentrat (Molkosan)
1 TL Kräutersalz

1. Die Hähnchenbrustfilets abspülen. Etwas Wasser in einem Topf aufkochen lassen, die Instantbrühe hineinrühren und das Fleisch darin in 20 bis 25 Minuten garen.
2. In der Zwischenzeit die Sellerieknolle abbürsten, in wenig Wasser nicht zu weich garen. Sie danach abkühlen lassen, schälen und in Stifte schneiden.
3. Das Geflügelfleisch aus der Brühe nehmen, in Stücke schneiden und abkühlen lassen.
4. Die Möhren schälen und in feine Stifte hobeln. Die Äpfel vierteln, die Kerngehäuse entfernen und das Fruchtfleisch ebenfalls in Stifte hobeln. Sie mit dem Zitronensaft mischen.
5. Die halbe Ananas schälen, braune Schalenteile entfernen und das Fruchtfleisch in kleine Stücke schneiden. Die Nüsse grob hacken. Nun alle Zutaten mischen.
6. Für die Sauce die Sahnedickmilch cremig rühren und mit der Frutilose, dem Molkekonzentrat und dem Kräutersalz abschmecken. Die Sauce mit den Salatzutaten mischen.
(auf dem Foto: links)

ca. 600 kcal • 2525 kJ

Salat mit Hähnchenfleisch und Linsensprossen

Zubereitungszeit:
ca. ¾ Std.

Für 2 Personen

1 Salatgurke
80 g Feldsalat
5 Tomaten
300 g Hähnchenbrustfilets
1 TL Meersalz
2 EL kaltgepreßtes Sonnenblumenöl

Für die Sauce:
1 Zwiebel
1 EL vergorenes Molkekonzentrat (Molkosan)
1 TL Frutilose
100 ml vegetarische Gemüsebrühe (aus Instantpulver zubereitet)
2 EL gehackter Dill
3 EL saure Sahne

Außerdem:
150 g Linsenkeimlinge (selbstgezogen, siehe Seite 21 oder gekauft)

1. Die Salatgurke schälen, der Länge nach halbieren und die Kerne mit einem Löffel herauskratzen. Das Fruchtfleisch in Scheiben schneiden.
2. Den Feldsalat putzen. Die Stielansätze der Tomaten entfernen und die Früchte achteln. Gurkenscheiben, Feldsalat und Tomatenachtel auf zwei Tellern anrichten.
3. Die Hähnchenbrustfilets leicht salzen. Das Öl in einer Pfanne erhitzen und das Fleisch jeweils von beiden Seiten darin etwa 5 Minuten braten.
4. Inzwischen für die Sauce die Zwiebel schälen, sehr fein würfeln und mit dem Molkekonzentrat, der Frutilose und der Gemüsebrühe verrühren.
5. Den gehackten Dill unter die Sauce rühren und sie mit der sauren Sahne verfeinern.
6. Die Hähnchenbrustfilets in Streifen schneiden und warm auf dem Salat verteilen. Die Sauce über den Salat gießen und die Linsenkeimlinge darüberstreuen.
(auf dem Foto: rechts)

ca. 580 kcal • 2440 kJ

Frikadellen mit Gemüse

Zubereitungszeit:
ca. 40 Min.

Für 1 Person

Für die Frikadellen:
- 1 Möhre
- 1 Zwiebel
- 150 g Rinderhackfleisch
- 1 Eigelb
- 1 TL Kräutersalz
- 2 EL feingehackte Kräuter (Petersilie, Thymian, Majoran)
- 2 TL ungehärtetes Pflanzenfett

Für das Gemüse:
- 3 Frühlingszwiebeln
- 3 Möhren
- 1 Zucchino
- 1 EL Butter
- 1 TL vegetarische Gemüsebrühe (Instantpulver)

Außerdem:
- 1 EL gehackte Petersilie

1. Die Möhre schälen und fein reiben. Die Zwiebel schälen und sehr fein würfeln.
2. Das Hackfleisch in eine Schüssel geben und mit dem Eigelb, dem Kräutersalz, den Zwiebelwürfeln, den Möhrenraspeln und den Kräutern mischen. Alles einige Zeit durchziehen lassen.
3. In der Zwischenzeit die Frühlingszwiebeln putzen und in Ringe schneiden. Die Möhren schälen und schräg in dünne Scheiben schneiden. Den Zucchino putzen und in feine Scheiben hobeln.
4. Das Gemüse in der zerlassenen Butter andünsten. Etwa 5 Eßlöffel Wasser dazugeben und alles mit der Instantbrühe abschmecken. Das Gemüse anschließend 10 bis 15 Minuten dünsten.
5. Inzwischen aus dem Fleischteig Frikadellen formen und sie im heißen Fett so lange braten, bis sie auf beiden Seiten braun sind.
6. Die Frikadellen zusammen mit dem Gemüse anrichten und alles mit Petersilie bestreuen.
(auf dem Foto: oben)

ca. 520 kcal • 2165 kJ

Gefüllte Schmorgurken

Zubereitungszeit:
ca. 1 Std.

Für 2 Personen

- 2 Schmorgurken (ca. 800 g)
- 1 Zwiebel
- 1 EL kaltgepreßtes Sonnenblumenöl
- nach Belieben 1–2 Knoblauchzehen
- 300 g Rinderhackfleisch
- 8 reife Tomaten (500 g)
- 2 TL Kräutersalz
- 2 TL Kräuter der Provence
- 2 TL vegetarische Gemüsebrühe (Instantpulver)
- 1 Msp. Cayennepfeffer
- 5 EL süße Sahne
- 1 EL gehacktes Basilikum

1. Die Gurken schälen, der Länge nach halbieren und die Kerne mit einem Löffel sorgfältig herauskratzen.
2. Die Zwiebel schälen, fein würfeln und in dem Öl glasig dünsten. Nach Belieben die Knoblauchzehen durch eine Presse dazudrücken.
3. Das Hackfleisch zu den Zwiebeln geben, mit anbraten und dabei zu Krümeln verrühren.
4. Die Tomaten vierteln und die Stielansätze entfernen. Die Tomaten mit dem Schneidstab fein pürieren und das Püree nach Belieben durch ein Sieb streichen.
5. 6 bis 7 Eßlöffel Tomatenpüree zum Hackfleisch geben und es mit Kräutersalz und den Kräutern der Provence würzen. Die Gurkenhälften mit der Hackfleischmischung füllen.
6. Das restliche Tomatenpüree in einen kleinen Bräter geben, mit der Instantbrühe und dem Cayennepfeffer abschmecken und die gefüllten Gurken hineinsetzen.
7. Sie zugedeckt bei geringer Hitzezufuhr in etwa ½ Stunde garen. Zum Schluß die süße Sahne in die Sauce rühren, die Gurken anrichten und mit dem Basilikum garnieren.
(auf dem Foto: unten)

ca. 555 kcal • 2315 kJ

Spinat-Hackfleisch-Auflauf

Zubereitungszeit:
ca. 25 Min.
Garzeit im Ofen:
ca. 20 Min.

Für 2 Personen

- 600 g TK-Blattspinat
- 1 Zwiebel
- 1 EL Butter
- 300 g Rinderhackfleisch
- 1 TL Kräutersalz
- 1 Msp. Cayennepfeffer
- 1 Msp. geriebene Muskatnuß
- 150 g süße Sahne
- 50 g geriebener Parmesan

1. Den Spinat antauen lassen. Die Zwiebel schälen, fein würfeln und in der Butter glasig dünsten.
2. Das Hackfleisch hinzufügen, kurz anbraten und dabei zerkrümeln. Es mit Kräutersalz, Cayennepfeffer und Muskatnuß abschmecken. Den Backofen auf 180 °C vorheizen.
3. Die Hälfte des Spinats in einer feuerfesten Form verteilen und die Hälfte des Hackfleischs darauf geben. Dann den restlichen Spinat und zuletzt das restliche Hackfleisch in die Form geben.
4. Die Sahne mit 100 ml Wasser mischen, den Parmesan darunterrühren und alles über den Auflauf gießen. Die Form in den Ofen stellen und den Spinatauflauf etwa 20 Minuten lang überbacken.
(auf dem Foto: Mitte)

ca. 750 kcal • 3120 kJ

Lauchauflauf

Zubereitungszeit:
ca. 1 Std.

Für 2 Personen

4 große Stangen Lauch (ca. 800 g küchenfertig)
1 TL vegetarische Gemüsebrühe (Instantpulver)
2 Zwiebeln
2 TL ungehärtetes Pflanzenfett
200 g Rinderhackfleisch
4 Tomaten
1 EL Paprikapulver edelsüß
2 Msp. Korianderpulver
1 Knoblauchzehe
je 1 TL Rosmarin und Thymian
4 EL süße Sahne
60 g geriebener Gouda 45% Fett i.Tr.

1. Den Lauch putzen und in feine Ringe schneiden. Sie in einen Topf geben, knapp mit Wasser bedekken, die Gemüsebrühe hinzufügen und den Lauch bei mittelstarker Hitzezufuhr in etwa 20 Minuten garen.
2. Inzwischen die Zwiebeln schälen, würfeln und in dem Fett glasig dünsten. Das Hackfleisch zerpflücken, dazugeben und mit anbraten.
3. Die Tomaten mit kochendem Wasser überbrühen, enthäuten und die Stielansätze entfernen.
4. Das Fruchtfleisch würfeln und zum Hackfleisch geben. Das Paprikapulver hineinrühren, etwa ⅛ l Wasser dazugießen und alles etwa 10 Minuten köcheln lassen.
5. Den Backofen auf 180°C vorheizen. Den Koriander in die Hackfleischsauce rühren, die Knoblauchzehe durch eine Presse dazudrücken und alles mit Rosmarin und Thymian würzen. Zuletzt die Sahne darunterrühren.
6. Nun den Lauch abgießen und in eine Auflaufform geben. Die Hackfleischsauce darüber verteilen und den Käse darauf streuen. Den Auflauf etwa ¼ Stunde garen.
(auf dem Foto: oben)

ca. 520 kcal • 2145 kJ

Moussaka

Zubereitungszeit:
ca. 1 ¼ Std.

Für 2 Personen

2 Auberginen
Meersalz
60 ml kaltgepreßtes Olivenöl
2 Knoblauchzehen
300 g Rinderhackfleisch oder gemischtes (halb vom Rind, halb vom Lamm)
1 Zwiebel
1 rote Paprikaschote
1 grüne Paprikaschote
3–4 Tomaten
⅛ l vegetarische Gemüsebrühe (aus Instantpulver zubereitet)
1 kleines Lorbeerblatt
1 kleiner Zweig Thymian
1 TL Paprikapulver edelsüß
2 EL gehackte Petersilie

1. Die Auberginen putzen und in etwa 1 cm dicke Scheiben schneiden. Sie mit Salz bestreuen, in ein Sieb legen und für etwa 10 Minuten durchziehen lassen. Den austretenden Saft entfernen.
2. Die Auberginenscheiben anschließend abwaschen und trockentupfen.
3. Das Öl in einer Pfanne erhitzen, die Knoblauchzehen durch eine Presse dazudrücken und die Auberginenscheiben darin goldgelb braten. Sie dann herausnehmen, das Fett abtupfen und die Scheiben beiseite stellen.
4. Das Hackfleisch ins verbliebene Bratfett geben und anbraten. Die Zwiebel schälen, würfeln, dazugeben und mit anbraten.
5. Die Kerngehäuse der Paprikaschoten entfernen und die Schoten würfeln. Sie ebenfalls zum Fleisch geben und kurz mit anbraten.
6. Nun die Tomaten mit kochendem Wasser überbrühen, enthäuten und die Stielansätze entfernen. Das Fruchtfleisch würfeln und unter die Hackfleischmischung rühren.
7. Die Gemüsebrühe dazugießen, das Lorbeerblatt und den Thymianzweig hinzufügen und das Ganze zum Kochen bringen. Bereits jetzt den Backofen auf 180°C vorheizen.
8. Die Hackfleischmischung mit Salz und Paprikapulver abschmekken und 10 bis 15 Minuten köcheln lassen.
9. Die Hälfte der Auberginenscheiben in eine große ausgefettete Auflaufform legen und die Hackfleischsauce gleichmäßig darauf verteilen.
10. Die restlichen Auberginenscheiben darauf legen und das Ganze in 20 bis 25 Minuten im Ofen garen. Vor dem Servieren das Lorbeerblatt entfernen und die Petersilie darüberstreuen.
(auf dem Foto: unten)

ca. 700 kcal • 2930 kJ

Hackfleischtopf

Zubereitungszeit:
ca. 3/4 Std.

Für 2 Personen

2 Gemüsezwiebeln
3 rote Paprikaschoten
2 EL Butter
250 g Rinderhackfleisch
1 EL Paprikapulver edelsüß
600 g Tomaten
2 Knoblauchzehen
1 TL Oregano
2 TL vegetarische Gemüsebrühe (Instantpulver)
4 EL süße Sahne

1. Die Zwiebeln schälen und in dünne Ringe schneiden. Die Kerngehäuse der Paprikaschoten entfernen und die Schoten in feine Streifen schneiden.
2. Die Zwiebelringe und die Paprikastreifen in der Butter leicht anbraten. Das Hackfleisch zerpflükken, dazugeben und mit anbraten. Alles mit dem Paprikapulver würzen.
3. Die Stielansätze der Tomaten entfernen und diese vierteln. Mit dem Schneidstab pürieren. Das Püree nach Belieben durch ein Sieb streichen.
4. Das Tomatenpüree zur Hackfleischmischung geben und den Knoblauch durch eine Presse dazudrücken.
5. Das Gericht mit dem Oregano und der Gemüsebrühe abschmecken und im geschlossenen Topf etwa 10 Minuten schmoren lassen. Zuletzt die süße Sahne hineinrühren. (auf dem Foto: Mitte)

ca. 625 kcal • 2615 kJ

Gefüllte Paprika

Zubereitungszeit:
ca. 1 ¼ Std.

Für 2 Personen

4 rote Paprikaschoten
2 Möhren
1 große Zwiebel
1 Ei
300 g Rinderhackfleisch
1 Msp. Cayennepfeffer
1 TL Kräutersalz
200 g Champignons
1 EL kaltgepreßtes Olivenöl
¼ l vegetarische Gemüsebrühe (aus Instantpulver zubereitet)
nach Belieben 3–4 Meßlöffel pflanzliches Bindemittel (aus dem Reformhaus)
4 EL süße Sahne
1 Zweig Basilikum

1. Von den Paprikaschoten jeweils einen Deckel abschneiden und die Kerngehäuse entfernen. Die Böden der Schoten geradeschneiden, damit sie gut stehen.
2. Das abgeschnittene Fruchtfleisch in kleine Würfel schneiden. Die Möhren schälen und sehr fein reiben.
3. Die Zwiebel schälen und halbieren. Eine Hälfte sehr fein würfeln und zusammen mit den Möhren und dem Ei zum Hackfleisch geben.
4. Alles gut mischen und den Fleischteig mit Cayennepfeffer und Kräutersalz würzen. Die Paprikaschoten damit füllen.
5. Die Champignons in Scheiben schneiden. Die zweite Hälfte der Zwiebel in Ringe schneiden.
6. Das Öl in einem Bräter nicht zu stark erhitzen und die Champignons, die Zwiebelringe und den Paprika darin anbraten.
7. Anschließend die gefüllten Paprikaschoten in den Bräter setzen und die Gemüsebrühe angießen. Alles zugedeckt bei nicht zu starker Hitzezufuhr im geschlossenen Topf etwa ¾ Stunden schmoren lassen.
8. Nach Belieben das pflanzliche Bindemittel in die Sauce rühren, sie einmal aufkochen lassen und so binden.
9. Die Sauce mit der Sahne verfeinern. Die Basilikumblätter in Streifchen schneiden und die Paprikaschoten damit garnieren.
(auf dem Foto: oben)

ca. 545 kcal • 2280 kJ

Ungarischer Paprikagulasch

Zubereitungszeit:
ca. 1 ½ Std.

Für 2 Personen

300 g mageres Rindfleisch
1 Gemüsezwiebel
1 rote Paprikaschote
1 grüne Paprikaschote
2 EL ungehärtetes Kokosfett
2 EL Paprikapulver edelsüß
2 Msp. Cayennepfeffer
1 kg reife Tomaten
2 Knoblauchzehen
je 1 TL Koriander, Rosmarin, Thymian und Kümmel
2 Lorbeerblätter
2 EL vegetarische Gemüsebrühe (Instantpulver)
6 EL süße Sahne

1. Das Fleisch abwaschen, trockentupfen und in Würfel schneiden. Die Zwiebel schälen und in gleichmäßige Ringe schneiden.
2. Die Kerngehäuse der Paprikaschoten entfernen und die Schoten in feine Streifen schneiden.
3. Das Kokosfett in einem Bräter erhitzen und die Fleischwürfel darin rundherum anbraten. Die Zwiebelringe hinzufügen und glasig werden lassen.
4. Anschließend die Paprikastreifen dazugeben und das Ganze mit dem Paprikapulver und dem Cayennepfeffer würzen.
5. Die Stielansätze der Tomaten entfernen und die Tomaten mit dem Schneidstab pürieren. Das Püree nach Belieben durch ein Sieb streichen.
6. Das Tomatenpüree zum Gulasch geben. Die Knoblauchzehen durch eine Knoblauchpresse dazudrücken und die Gewürze sowie die Instantbrühe hineinrühren.
7. Den Gulasch zugedeckt etwa 1 Stunde köcheln lassen. Zwischendurch ab und an umrühren. Vor dem Servieren das Lorbeerblatt entfernen und den Gulasch mit der Sahne verfeinern.
(auf dem Foto: unten)

ca. 565 kcal • 2375 kJ

Borschtsch polnische Art

Zubereitungszeit: ca. 1 ¼ Std.

Für 2 Personen

1 Zwiebel
1 ½ EL ungehärtetes Pflanzenfett
300 g mageres Lammfleisch
150 g Pfifferlinge
1 TL Kümmel
1 Lorbeerblatt
3 Wacholderbeeren
½ l vegetarische Gemüsebrühe (aus Instantpulver zubereitet)
½ Weißkohl (400 g küchenfertig)
1 rote Bete (200 g küchenfertig)
3 EL saure Sahne

1. Die Zwiebel schälen, in Ringe schneiden und in dem heißen Fett glasig dünsten.
2. Das Fleisch waschen, trockentupfen, in Würfel schneiden und zu den Zwiebeln geben.
3. Die Pfifferlinge putzen, ebenfalls hinzufügen und alles kräftig anbraten. Den Kümmel, das Lorbeerblatt und die Wacholderbeeren hinzufügen und dann die Gemüsebrühe angießen. Das Ganze etwa ½ Stunde köcheln lassen.
4. Inzwischen den Weißkohl putzen und auf einem Hobel fein zerkleinern. Die rote Bete schälen und in dünne Scheiben schneiden.
5. Den Weißkohl und die rote Bete zum Fleisch geben und alles im geschlossenen Topf bei nicht zu starker Hitzezufuhr 20 Minuten schmoren lassen.
6. Den Eintopf auf zwei Teller verteilen und jeweils in die Mitte einen dicken Klecks saure Sahne geben.
(auf dem Foto: oben)

ca. 370 kcal • 1550 kJ

Kieler Fischsuppe

Zubereitungszeit: ca. 50 Min.

Für 2 Personen

8 reife Tomaten (500 g)
1 Stange Lauch
2–3 Möhren
400 g Schellfisch- oder Kabeljaufilet
3 TL vegetarische Gemüsebrühe (Instantpulver)
2 Msp. Cayennepfeffer
50 g süße Sahne
2 EL gehackte Petersilie

1. Die Stielansätze der Tomaten entfernen und diese einige Minuten in ¼ l Wasser dünsten.
2. Die Tomaten anschließend durch ein Sieb streichen und das Püree in einen Topf geben.
3. Den Lauch putzen und in feine Ringe schneiden. Die Möhren schälen und in kleine Würfel schneiden. Beides zum Tomatenpüree geben und alles etwa 8 Minuten köcheln lassen.
4. In der Zwischenzeit das Fischfilet waschen, restliche Gräten entfernen und das Filet in Stücke schneiden.
5. Die Fischstücke zur Suppe geben und diese mit der Instantbrühe und dem Cayennepfeffer abschmecken. Alles weitere 8 bis 10 Minuten köcheln lassen.
6. Zum Schluß die süße Sahne hineinrühren und die Suppe mit Petersilie bestreuen.
(auf dem Foto: Mitte)

ca. 305 kcal • 1270 kJ

Lachsfilet mit buntem Gemüse

Zubereitungszeit: ca. ¾ Std.

Für 2 Personen

250 g geputzter Blumenkohl
250 g geputzter Brokkoli
2 Möhren
1 TL Meersalz
2 Lachsfilets (à 150 g)
1 TL Kräutersalz
2 EL kaltgepreßtes Sonnenblumenöl
1 ½ EL Butter

1. Den Blumenkohl und die Brokkoli in kleine Röschen teilen. Die Stiele der Brokkoli schälen, der Länge nach vierteln und in Stücke schneiden.
2. Die Möhren schälen und in dünne Scheiben schneiden.
3. Etwa ¼ l leicht gesalzenes Wasser zum Kochen bringen, zuerst die Brokkolistiele hineingeben und etwa 5 Minuten dünsten, danach das restliche Gemüse hinzufügen und alles weitere 8 bis 10 Minuten köcheln lassen.
4. In der Zwischenzeit die Lachsfilets waschen, trockentupfen und mit dem Kräutersalz mild würzen. Sie in dem Öl bei mittelstarker Hitzezufuhr etwa 8 Minuten braten. Die Filets zwischendurch einmal wenden.
5. Nun das Gemüse mit der Schaumkelle aus dem Wasser nehmen und abtropfen lassen. Die Butter in einer Pfanne zart bräunen, über das Gemüse geben und den Fisch dazu servieren.
(auf dem Foto: unten)

ca. 530 kcal • 2225 kJ

Ratatouille mit Fisch

Zubereitungszeit:
ca. 40 Min.

Für 2 Personen

- 200 g Aubergine
- 2 rote Paprikaschoten
- 1 Zucchino
- 2 Zwiebeln
- 2 EL kaltgepreßtes Olivenöl
- 6 Tomaten
- nach Belieben 2 Knoblauchzehen
- 1 TL Kräuter der Provence
- 2 TL vegetarische Gemüsebrühe (Instantpulver)
- 400 g küchenfertiges Fischfilet (Seelachs oder Kabeljau)
- 4 EL süße Sahne
- 1 Schuß herber Weißwein
- 2 EL gehackte Petersilie

1. Die Aubergine, die Paprikaschoten, den Zucchino und die Zwiebeln putzen und in gleich große Würfel schneiden. Das Gemüse nacheinander im Olivenöl bei mittlerer Hitze andünsten.
2. Die Stielansätze der Tomaten entfernen und das Fruchtfleisch mit dem Schneidstab pürieren. Das Tomatenpüree durch ein Sieb streichen und zum Gemüse geben. Nach Belieben die Knoblauchzehen durch eine Presse dazudrücken.
3. Das Gemüse mit den Kräutern der Provence und der Gemüsebrühe abschmecken.
4. Das Fischfilet waschen, trockentupfen und in zwölf gleich große Stücke schneiden. Diese zum Ratatouille geben. Vorsichtig umrühren und nun das Ganze im geschlossenen Topf 6 bis 8 Minuten köcheln lassen.
5. Zum Schluß die süße Sahne darunterziehen und das Gericht mit dem Wein abschmecken. Die Petersilie darüberstreuen.
(auf dem Foto: unten)

ca. 425 kcal • 1780 kJ

Scholle in Orangen-Sahne-Sauce

Zubereitungszeit:
ca. 20 Min.

Für 2 Personen

- 400 g küchenfertige Schollenfilets
- 1 TL Kräutersalz
- 2 EL Butter
- 140 ml frischgepreßter Orangensaft
- 2 Msp. Cayennepfeffer
- 4 EL süße Sahne

1. Die Schollenfilets waschen, trockentupfen und mit dem Kräutersalz mild würzen.
2. Die Butter in einer Pfanne schmelzen lassen und die Fischfilets von beiden Seiten darin jeweils 4 bis 5 Minuten braten.
3. Den Orangensaft hinzufügen, alles mit dem Cayennepfeffer leicht scharf würzen und zuletzt die Sahne darunter rühren.
(auf dem Foto: Mitte)

ca. 365 kcal • 1525 kJ

Hinweis
Essen Sie als Vorspeise zu diesem Gericht einen Salat, zum Beispiel einen Fenchelsalat (Seite 54) oder einen fruchtigen Rohkostteller (Seite 55).

Forelle blau

Zubereitungszeit:
ca. ¾ Std.

Für 1 Person

- 1 Möhre
- 1 Zwiebel
- 1 Lorbeerblatt
- 1 TL Zitronensaft
- 1 ausgenommene Forelle (ca. 250 g)
- 1 TL Kräutersalz

1. 1 ¼ l Wasser zum Kochen bringen. Die Möhre und die Zwiebel schälen und zerkleinern. Das Gemüse sowie das Lorbeerblatt ins Wasser geben.
2. Das Kochwasser mit dem Zitronensaft leicht säuerlich abschmecken und für etwa 20 Minuten kochen lassen.
3. In der Zwischenzeit das Innere der Forelle sorgfältig waschen. Dabei den auf der Haut befindlichen Schleimfilm nicht verletzen.
4. Die Forelle mit etwas Zitronensaft beträufeln und mit dem Kräutersalz mild würzen.
5. Den kochenden Sud von der Herdplatte nehmen und die Forelle hineingleiten lassen. Sie bei abgeschalteter Platte in 8 bis 10 Minuten garziehen lassen.
(auf dem Foto: oben)

ca. 180 kcal • 750 kJ

Hinweis
Essen Sie dazu 400 g gedünstetes Gemüse oder einen großen Salat.

Fischpfanne

Zubereitungszeit:
ca. 50 Min.

Für 1 Person

1 rote Paprikaschote
1 Stange Lauch
1 Möhre
1 EL Butter
100 ml vegetarische Gemüsebrühe (aus Instantpulver zubereitet)
200 g Rotbarschfilet
1 EL Zitronensaft
1 TL Kräutersalz
nach Belieben 1–2 Meßlöffel pflanzliches Bindemittel (aus dem Reformhaus)
2 EL süße Sahne
3 Zweige Petersilie
2 Zitronenscheiben

1. Das Kerngehäuse der Paprikaschote entfernen und diese in kleine Würfel schneiden. Den Lauch putzen, die Möhre schälen und beides in Scheiben schneiden.
2. Die Butter in einer großen Pfanne schmelzen lassen und das Gemüse darin unter Rühren zart andünsten. Die Gemüsebrühe dazugießen und alles zugedeckt etwa 5 Minuten dünsten.
3. Das Fischfilet waschen, trockentupfen, in Würfel schneiden, mit Zitronensaft beträufeln und mit Kräutersalz würzen.
4. Das Gemüse an den Rand der Pfanne schieben, den Fisch hineingeben und in 8 bis 10 Minuten garen. Ihn dabei einmal wenden.
5. Nach Belieben das pflanzliche Bindemittel unter das Gemüse rühren, alles einmal aufkochen lassen und so binden.
6. Das Gemüse mit der Sahne verfeinern, zusammen mit dem Fischfilet anrichten und mit Petersilie und den Zitronenscheiben hübsch garnieren.
(auf dem Foto: oben)

ca. 430 kcal • 1805 kJ

Bunter Salat mit Lachs

Zubereitungszeit:
ca. ¾ Std.

Für 2 Personen

200 g grüne Bohnen
Meersalz
1 gelbe Paprikaschote
2 Tomaten
1 Zwiebel
1 kleiner Kopfsalat

Für die Sauce:
1½ EL kaltgepreßtes Olivenöl
1½ EL vergorenes Molkekonzentrat (Molkosan)
4 EL süße Sahne
3 EL gehackte Petersilie
1 TL Kräutersalz

Außerdem:
8 Oliven
130 g gebeizter Lachs (Graved Lachs)
1 hartgekochtes Ei

1. Die Bohnen putzen, wenn nötig abfädeln und in etwa 4 cm lange Stücke schneiden.
2. Die Bohnen in leicht gesalzenem Wasser in etwa 18 Minuten garen. Sie danach abgießen und etwas abkühlen lassen.
3. Die Stielansätze der Paprikaschote und der Tomaten entfernen und das Fruchtfleisch fein würfeln.
4. Die Zwiebel schälen, in feine Ringe schneiden und kurz mit kochendem Wasser überbrühen.
5. Den Kopfsalat putzen und in mundgerechte Stücke zupfen. Den Salat mit allen vorbereiteten Zutaten in eine Schüssel geben und mischen.
6. Das Olivenöl mit dem Molkekonzentrat, 130 ml Wasser und der Sahne verrühren. Die gehackte Petersilie dazugeben und die Sauce mit dem Kräutersalz würzen.
7. Die Sauce über den Salat gießen und die Oliven darauf verteilen. Den Lachs in feine Streifen schneiden, das Ei achteln und den Salat damit garnieren.
(auf dem Foto: Mitte)

ca. 465 kcal • 1945 kJ

Schollenfilets mit Gurkensalat

Zubereitungszeit:
ca. 25 Min.

Für 2 Personen

400 g Schollenfilets	
1 TL Kräutersalz	
2 EL Butter	
1 Salatgurke	

Für die Sauce:

1 EL vergorenes Molkekonzentrat (Molkosan)	
3 EL süße Sahne	
½ TL Meersalz	
½ TL Frutilose	
2 EL gehackter Dill	

Außerdem:

2 Tomaten

1. Die Schollenfilets waschen, trockentupfen und mild salzen.
2. Die Butter in einer Pfanne schmelzen lassen und den Fisch darin auf beiden Seiten jeweils 3 bis 4 Minuten braten.
3. In der Zwischenzeit die Gurke schälen und in dünne Scheiben hobeln.
4. Das Molkekonzentrat mit 200 ml Wasser, Sahne, Meersalz, Frutilose und Dill zu einer Sauce verrühren und sie mit den Gurkenscheiben mischen.
5. Die Stengelansätze der Tomaten entfernen und die Früchte achteln. Die Schollenfilets zusammen mit dem Gurkensalat und den Tomaten servieren.
(auf dem Foto: unten)

ca. 360 kcal • 1505 kJ

REGISTER

REZEPTVERZEICHNIS

Wie im Rezeptteil auch sind die Titel der kohlenhydratreichen Gerichte in Rot und die der eiweißreichen in Blau gedruckt. Die Namen der neutralen Rezepte sind hier in Schwarz geschrieben.

Belegte Brote und Müslis

Süße und pikante Backwaren

Cremes, Drinks und Obstdesserts

Salate

Suppen und Eintöpfe

Hauptgerichte ohne Fleisch

Hauptgerichte mit Geflügel

Hauptgerichte mit Rind- oder Lammfleisch

Hauptgerichte mit Fisch

Erklärung der Abkürzungen und Symbole:

cm	=	Zentimeter
Fett i.Tr.	=	Fett in der Trockenmasse
EL	=	Eßlöffel (gestrichen)
g	=	Gramm (1 g = 1000 mg)
geh.	=	gehäuft
kcal	=	Kilokalorien (1 kcal = 4,184 kJ)
kJ	=	Kilojoule
l	=	Liter (1 l = 1000 ml)
Min.	=	Minuten
ml	=	Milliliter
Msp.	=	Messerspitze
Std.	=	Stunde
TK-...	=	Tiefkühl-...
TL	=	Teelöffel (gestrichen)
°C	=	Grad Celsius
∅	=	Durchschnitt

Zum Thema Trennkost sind im FALKEN Verlag außerdem erschienen:
Schlank werden nach Dr. Hay – Trennkost (4298)
Gesund leben nach Dr. Hay – Cholesterinarme Trennkost (4475)

ISBN 3 8068 4498 4

Titelbild: TLC-Foto-Studio GmbH, Velen-Rambsdorf (auf dem Teller links: Spaghetti auf Gemüse, Rezept S. 81; rechts: Ungarischer Paprikagulasch, Rezept S. 118)
Fotos: TLC-Foto-Studio GmbH, Velen-Rambsdorf; Foto S. 4 unten: Michael Wissing BFF, Waldkirch; Foto S. 5: Foto Blum, Rennerod; Foto S. 8 unten, 16 und 18 Mitte: Brigitte Harms, Hamburg; Foto S. 19 unten: T.E. Creative Fotografie + Styling, Frankfurt; Foto S. 23: Manfred Ruckszio, Taunusstein; Kleine Fotos S. 42: Margit Schwarz, Frankfurt
Zeichnungen S. 7 oben: Gerhard Scholz, Dornburg; S. 7 unten: Ulrike Hoffmann, Bodenheim
Satz: Grunewald, Satz & Repro GmbH, Kassel
Druck: Mohndruck Graphische Betriebe GmbH, Gütersloh

8 1726